Leer la hist... la ilusión q... adulto, pero también evidencia el dolor que se da en muchos matrimonios cuando dejamos que el dolor domine. Es un libro que trae esperanza y muestra un camino de restauración total. Estoy seguro que este libro marcará tu vida y cambiará tu familia.

—SIXTO PORRAS
DIRECTOR REGIONAL
ENFOQUE A LA FAMILIA®

La obediencia a Dios es la voluntad razonada para hacer lo correcto, no importando el costo a pagar. El testimonio de vida de Luis y Cynthia y los principios impartidos en este libro animarán, fortalecerán y sanarán toda relación matrimonial. Somos varones por nacimiento, pero nos hacemos hombres por elección. En este libro, Luis te ayudará a descubrir los pasos para resplandecer como un verdadero hombre de Dios y así poder dar vida a los tuyos. La inmadurez en la mujer siempre es egolatría y siempre destruirá todo a su alrededor. En este libro, aprenderás de Cynthia cómo convertirte en una mujer de bendición y así poder ser un agente de bien para los tuyos. *Corazones maltratados* es un libro que toda persona casada o por casarse debería leer. ¡Te lo recomendamos!

—GUILLERMO Y MILAGROS AGUAYO
MISIÓN CRISTIANA LA CASA DEL PADRE
LIMA, PERÚ

Luego de conocer su historia personalmente, verla plasmada en un libro es un privilegio. La necesidad de restauración en la familia es evidente y requiere de ejemplos que muestren que es real. Gracias por escribir este libro, por ser transparentes y auténticos al exponer su corazón para bendecir a otros. Para nosotros es un honor recomendar a todos su historia de transformación. Sabemos que *Corazones maltratados* es un libro necesario para este tiempo.

—Pastores Nando y Jessica Steidel
Iglesia Catacumba 9
Cayey, Puerto Rico

Amados Luis y Cynthia, ¡qué privilegio tenerlos de amigos! Prefiero gente auténtica que se atreve a ser transparente que aquellos que por mantener una imagen se mantienen herméticos. Gracias por contarnos su historia de ser un matrimonio violento a uno sujeto a Dios en obediencia. La autoridad espiritual no está en el conocimiento de la verdad, sino en el testimonio de la verdad. Eso es precisamente lo que nadie que demande razones de nuestra fe puede refutar. Los felicito por haber vencido por amor a Dios. De hecho, la recompensa más grande que pudieran recibir aquí en la tierra es ver a sus hijas amar y servir a Dios, fruto de ver el milagro que han visto en sus padres. Deseo que este libro pueda llegar hasta los confines de la tierra; a todos los rincones donde haya familias deprimidas por el secreto de la violencia doméstica. ¡Los bendigo con todo mi corazón! Mildred y yo los admiramos.

—Rey Matos
autor de: *¡Señor, que mis hijos te amen!*,
Mujer, el sello de la creación y
Cuando el sexo no es suficiente
Pastor principal del Ministerio
Cristiano Catacumba #5
Mayagüez, Puerto Rico

Luis y Cynthia Roig nos enseñan en su libro *Corazones maltratados*, que aun en la Iglesia podemos encontrar la cultura del maltrato que destroza los sueños de amor de una pareja y la vida de sus hijos. Cynthia dice: "Mi esposo nunca pensó que se convertiría en un agresor y mucho menos sirviendo en la iglesia y ministrando a través de un coro. Vivía una doble vida y lo peor es que yo también". Atrévete a leer *Corazones maltratados* y descubre la alegría de ser amado y vivir en paz en familia.

—Dra. Norma Pantojas DCC, MC#0981
Consejera de familia y pastora

corazones
maltratados

LUIS Y CYNTHIA ROIG

CASA
CREACIÓN

Publishers, Inc., 351 Executive Dr., Carol Stream, IL 60188, Estados Unidos de América. Todos los derechos reservados.

Las citas de la Escritura marcadas (RV95) han sido tomadas de la versión Reina-Valera 95® © Sociedades Bíblicas Unidas, 1995. Usada con permiso.

Visite las páginas web de los autores:
www.casadelpadreinc.com; www.salvemospuertorico.com

Edición por: Ofelia Pérez (powerlion7@gmail.com)
Director de Diseño: Bill Johnson
Diseño de portada por: Justin Evans
Foto por: Eli Samuel Santa de Elysanta Photography

Library of Congress Control Number: 2014930201
ISBN: 978-1-62136-816-8
E-Book ISBN: 978-1-62136-831-1

Nota de la editorial: Aunque los autores hicieron todo lo posible por proveer teléfonos y páginas de internet correctas al momento de la publicación de este libro, ni la editorial ni los autores se responsabilizan por errores o cambios que puedan surgir luego de haberse publicado.

Impreso en los Estados Unidos de América
14 15 16 17 18 * 6 5 4 3 2 1

DEDICATORIA

Queremos dedicar este libro a personas increíbles que han pasado por nuestras vidas y han dejado un gran impacto. Dios mismo las puso en nuestra historia con el propósito de esculpir en nosotros el amor y la fortaleza.

En primer lugar, se lo dedicamos a Dios, nuestro Padre, porque con paciencia elaboró todo un plan para que fuéramos restaurados. Él nos puso en el corazón el fuego de compartir con otros lo que Él hizo por nosotros. Su amor nunca dejó de ser, su amor nunca nos abandonó y su amor siempre ha permanecido en nosotros como un sello.

Dedicamos este libro también a:

Nuestra hija Paula Camila, la testigo más fiel de lo que éramos y de lo que somos. Gracias, Paula, por amar a tus padres con todos sus defectos y con todas sus fortalezas. Te amamos desde que supimos que estabas en camino a nuestras vidas y Dios nos dio la bendición de tener un tesoro por hija. Eres demasiado especial.

Nuestra hija Emelyn Alanis, una princesa que salió de un cuento para traernos alegría. Dios te envió a nuestras vidas en el momento justo. Chiquita, nunca dejes de ser tan sensible y tan buena. Tus abrazos y besos son como regalos del cielo.

Nico (padre de Cynthia), aunque ya no estés entre nosotros, nos animaste a escribir. Siempre decías que las historias eran para contarlas. Tú nos lo enseñaste porque te encantaba contar tus historias de una forma magistral. Gracias por hacernos reír a todos hasta el día en que partiste de esta tierra para integrarte a la comunidad del cielo. Nos veremos allá.

Raúl y Letty (padres de Luis) porque nunca dejaron de declarar sobre nosotros y de creer en nuestro llamado. Nos apoyaron desde el primer día. Sus oraciones fueron contestadas. Gracias por cuidarnos.

Nuestra Iglesia Casa del Padre por ser parte de nosotros, por apoyar la obra y orar por sus pastores. Pero más les damos gracias por el abrazo cálido, la sonrisa sincera, las palabras certeras y el compromiso incondicional con la Casa. Ustedes nos animan a continuar en la obra y a seguir creciendo.

Todos los que nos animaron a escribir nuestra historia. Aquí está plasmado lo que fuimos y lo que somos.

AGRADECIMIENTOS

Agradecemos a Dios por ser nuestro norte y dirigirnos con cautela, pero con firmeza, en el camino que nos tocó vivir: una vida llena de retos, mas indudablemente con grandes satisfacciones y victorias.

Agradecemos a pastores y amigos que nos alentaron en todo momento a plasmar en palabras la obra que Dios hizo en nuestro matrimonio. Entre ellos están: Sixto Porras, J. Lee Grady, Guillermo y Milagros Aguayo, Rey Matos, Norma Pantojas, Edwin Rivera Manso, y Bob y Audrie Meissner.

Agradecemos a personas que amamos que nos han apoyado en el ministerio incondicionalmente, entre ellos, Edgardo García y su esposa Jahaira Claudio, amigos que amamos y compañeros de lucha para salvar familias.

A Margarita Santiago, nuestra gerente de oficina, quien ha estado mano a mano, orando por nosotros y cuidando a nuestra familia, ¡gracias, Margarita!

A Carlos y Rosse Vélez, esos amigos que escucharon nuestros corajes, vivieron nuestros sufrimientos, lloraron junto a nosotros y celebraron nuestra restauración; esos amigos que siempre están en la vida sin importar los años que pasen. No hay palabras que describan lo que su amistad significa para nosotros. Simplemente gracias por creer que Dios lo podía hacer.

Agradecemos al pastor Jorge Suárez, quien prestó su oído con atención para dar el mejor consejo. Dios lo utilizó de manera sorprendente.

Damos gracias a J. Lee Grady por su amistad sincera y sus oraciones constantes.

A Celi Marrero, gracias por haber creído en nosotros y ayudar a que se abrieran puertas.

A los que de alguna u otra forma han sido parte de nuestra vida, les queremos dar las gracias porque todos han puesto de su esencia para que este libro pueda ser leído por muchos.

¡Dios los bendiga en abundancia!

CONTENIDO

PRÓLOGO

CUANDO VIAJO A América Latina siempre llevo unas esposas en mi maleta. Las uso como ilustración visual cuando predico sobre la actitud machista tan prevaleciente en esa región. Les recuerdo a todos en la audiencia que la palabra "esposa", que se usa en el idioma español para referirse a la mujer casada, es la misma palabra usada para las esposas, herramienta para someter y limitar la libertad.

¿Por qué en el idioma español la palabra "esposa" es la misma que para un instrumento de esclavitud? Es porque las mujeres en muchos países latinos sufren un abuso inimaginable en el hogar. Puerto Rico, por ejemplo, tiene una de las tasas más altas de violencia doméstica en Latinoamérica, y muchas mujeres mueren allí cada año a manos de sus parejas. Lo mismo es cierto en Guatemala y muchos otros países.

Durante mi segunda visita a Perú, conocí a Luis y a Cynthia Roig en una conferencia sobre la restauración de la familia. Inmediatamente me sentí atraído hacia Luis y Cynthia porque parecían irradiar el amor de Jesús a todos a su alrededor. También era obvio que se amaban mucho el uno al otro. Así es que puedes imaginarte cuán impactado quedé cuando supe que su relación no siempre había sido tan saludable. En una época, Luis abusaba de Cynthia, mayormente porque Luis, como muchos otros hombres, no había trabajado con el dolor de su pasado.

Hoy día, Luis es uno de mis mejores amigos en el mundo y he ministrado junto a él y Cynthia en conferencias en Puerto Rico, Guatemala y los Estados Unidos. Luis y Cynthia me dan tanta esperanza porque yo sé que lo que el Espíritu Santo ha hecho en sus vidas, lo quiere hacer en otros matrimonios a través de toda América Latina.

En este libro leerás una historia honesta. Luis y Cynthia no esconden nada. Y creo que su transparencia ayudará a mucha gente a admitir su dolor, a abrir sus corazones y a recibir el perdón y la liberación de Jesucristo. Si has batallado con la ira, la conducta abusiva, las adicciones, la falta de perdón o el control, este libro te ayudará a romper las cadenas del pecado.

El problema de violencia doméstica y abuso no solo ocurre fuera de la Iglesia. Hoy día las mujeres son golpeadas en muchos hogares cristianos en América Latina; aun en hogares de pastores. La conducta abusiva se tolera, no solo debido a una interpretación incorrecta de las escrituras sobre la sumisión de la esposa, sino también porque la Iglesia no ha confrontado la mentalidad cultural incorrecta de superioridad masculina.

Muchos esposos cristianos ignorantemente piensan que la Escritura les da el derecho a mandar a sus esposas todo el tiempo, gritarles órdenes, exigir sexo o manipularlas con amenazas. Interpretan el verso "el marido es cabeza de la mujer" (Efesios 5:23) como que ellos pueden sentarse en una silla como un rey mientras sus esposas hacen todas las tareas del hogar y cuidan a los hijos sin ayuda. Eso no es matrimonio; es esclavitud.

Pablo introdujo un concepto radical en el primer siglo. Mientras le dijo a las esposas que se sujetaran a sus maridos, también le dijo a los hombres: "Para los maridos, eso significa: ame cada uno a su esposa tal como Cristo amó a la iglesia. Él entregó su vida por ella" (Efesios 5:25, NTV). Esto es lo opuesto al machismo. Un esposo que ama a Jesús va a servir a su esposa de manera sacrificada. Ayudará con los platos, jugará con sus hijos, compartirá la carga de las responsabilidades familiares y abrirá su corazón a su esposa para que puedan conectarse a un nivel emocional profundo.

Veo el modelo del matrimonio cristiano del Nuevo Testamento en Luis y Cynthia Roig, y para mí es una bendición conocerlos personalmente. Tú también serás bendecido cuando leas su historia y apliques las verdades que ellos han aprendido sobre la igualdad, la servidumbre y el matrimonio cristocéntrico.

—J. LEE GRADY
EDITOR COLABORADOR, REVISTA *CHARISMA*
AUTOR DE *10 MENTIRAS QUE LA IGLESIA LE DICE A LAS MUJERES, 10 MENTIRAS QUE LOS HOMBRES CREEN, 25 PREGUNTAS DIFÍCILES SOBRE LAS MUJERES Y LA IGLESIA* Y *LAS INTRÉPIDAS HIJAS DE LA BIBLIA*

INTRODUCCIÓN

E STE LIBRO RELATA la experiencia real y traumática de lo que es la violencia doméstica y los ataques sin compasión en una pareja que se casó luego de haber superado muchas barreras. Nuestro matrimonio era una vorágine de situaciones complejas que desataron un feroz torbellino que ultrajó el seno del hogar. Se fracturó la columna vertebral de lo que era una familia y sufrimos serias consecuencias.

La falta de tiempo es una trampa que utiliza Satanás para traer desavenencias. En esa trampa caímos nosotros. Muchas cosas capturaban nuestra atención y ninguna guardaba relación con nuestra familia. Esto produjo que nuestra pequeña niña de un año y dos meses oyera y viera cosas que nunca debió haber oído ni visto. También causó que el sentimiento puro del amor se opacara, convirtiéndose en una borrascosa visión de lo que era.

La parte trascendental de este escrito no es la violencia que se vivió en cierto momento en nuestras vidas, sino la manera en que Dios contribuyó para que fuéramos completamente restaurados. Nuestro mayor interés es que conozcas cómo Dios obra y que cuando obra, lo hace para transformar vidas.

La maldición se convirtió en bendición porque pudimos realizar unos ajustes muy necesarios en nuestros caracteres. Dios nos enseñó a resolver los conflictos matrimoniales de una manera distinta y nos equipó con unas herramientas muy prácticas para poder ayudar a todo el que confronta problemas en su matrimonio. No fue fácil lograr que nuestro matrimonio se restaurara, pero Dios tenía un propósito con nosotros y este debía cumplirse. Jamás olvidaremos lo que pasamos y lo que le hicimos pasar a nuestra pequeña Paula Camila, pero tampoco olvidaremos cómo Dios nos confrontó y nos salvó para que siguiéramos juntos hasta hoy.

Actualmente pastoreamos una iglesia llamada Casa del Padre, en el hermoso pueblo de Trujillo Alto y celebramos una conferencia anual llamada "Salvemos a la Familia-Puerto Rico". En esta conferencia se le dan herramientas a líderes, pastores y a todo aquel que esté interesado en ayudar a familias en crisis. Es nuestro llamado y sabemos que Dios nos preparó para salvar a las familias. Por eso se creó el Instituto de Desarrollo Familiar, donde ofrecemos cursos sobre diversos temas dirigidos específicamente a la familia.

No podemos detenernos en ayudar a Puerto Rico y devolver el amor y el respeto dentro de los hogares. Nuestra misión es difundir por todo lugar, dentro y fuera de Puerto Rico, que cuando Dios es la base del matrimonio, todo puede ser rebasado y transformado. Nuestra causa real es restaurar vidas y traerlas a los pies de Cristo; entonces los matrimonios comenzarán a restaurarse y finalmente la familia sobrevivirá.

Esperamos sinceramente que este libro sea de ayuda a personas que están pasando por este horrible hecho de la violencia doméstica. La única alternativa no es halar un gatillo o golpear hasta la inconsciencia. La verdadera solución se encuentra en Cristo Jesús y en tu anhelo de ser transformado.

Capítulo 1

CAMINOS ENTRELAZADOS

POR CYNTHIA ROIG

"Porque el Hijo del Hombre ha venido
para salvar lo que se había perdido".
—MATEO 18:11

RECUERDO MI PRIMERA entrevista de trabajo. Acababa de graduarme de la universidad y se me presentó una oferta que no podía obviar fácilmente. Me reclutó el mismo director ejecutivo de la escuela y no le importó mucho que yo no tuviera experiencia, lo que agradecí profundamente.

No fue fácil adaptarme a mi nueva etapa de vida, de ser una universitaria atleta sin responsabilidades mayores, a ser una profesional con vastas obligaciones que me llevarían a madurar rápidamente. Ya lo fácil había terminado y comenzaba la etapa de la seriedad y la paciencia. Había completado un Bachillerato en Educación en Escuela Intermedia y Superior, pero me ubicaron para dar clases en el nivel elemental. Ese fue el primer reto. ¡Gran reto! Tendría que adaptar mis conocimientos a un nivel mucho más sencillo.

La realidad es que me fue muy bien. Pronto los estudiantes se encariñaron con su nueva maestra, pero no su maestra con sus estudiantes. Aún así, ahora puedo decir que gracias a Dios pude desempeñarme con éxito, al punto que años después obtuve el galardón de Maestra del Año. Realmente era buena en lo que hacía y procuraba realizar las clases con esmero para desarrollar a mis estudiantes al máximo. En ese tiempo, Dios no era parte de mi vida. Aunque ahora entiendo que siempre estuvo a mi lado, por lo menos en ese momento no lo sentía ni me interesaba sentirlo. Lo irónico era que yo estaba trabajando en una escuela cristiana y ese fue el magistral plan de Dios. Ya verán el porqué.

Al segundo año de trabajar como maestra de Educación Física, me ascendieron a Directora Atlética. Esto conllevaba más responsabilidades e incluía unas labores administrativas con las cuales no estaba muy relacionada. Aprendí rápidamente a desenvolverme en todos los aspectos de mi nuevo cargo y me dispuse a entrevistar personas para suplir una plaza de dirigente que estaba vacante. Una tarde, una compañera maestra se acercó y me informó que tenía un hijo atleta y que lo iba a traer para que yo lo entrevistara. Me agradó su intención de ayudarme en el reclutamiento y acepté que viniera lo más pronto posible porque ya las clases habían comenzado y necesitaba urgentemente ocupar la plaza.

Al cabo de una semana, entrevisté al hijo de esta compañera. Él llegó muy seguro y eso lo favoreció para que yo considerara su solicitud. Le di la oportunidad de que estuviera en las tardes ayudándome con los equipos. Tres meses después, tuve que prescindir de los servicios del otro maestro y él ocupó su puesto. Había sido tan responsable en lo poco, que no me sorprendería que también realizara bien su nuevo trabajo, aun cuando este fuera mucho más demandante. Admiraba en él su anhelo de aprender cosas nuevas. Me sorprendió, pues no esperaba que se convirtiera en un gran maestro. Los estudiantes lo respetaban y logró ganarse el cariño, tanto de los estudiantes como el de sus compañeros de trabajo. Su jovialidad y creatividad eran cualidades que a todos nos cautivaron.

Como yo no servía al Señor, no le permitía a nadie que me hablara de cosas de la iglesia. Sin embargo, de él podía escuchar todo lo concerniente a Dios. Hablaba tan bonito de la Palabra de Dios que empecé a anhelar lo que él tenía. Quería aprender más de ese Dios que obviamente no estaba en mi vida. Tenía hambre de creer; escuchaba sus temas y me maravillaba de su sabiduría. Él rompió los esquemas que yo creía sobre los cristianos, esquemas que continúan en las mentes de muchas personas que no dan el paso hacia Cristo.

Este joven, Luis Enrique, comenzó a llamar mi atención. No era como todos los otros jóvenes que yo había conocido anteriormente. Era muy diferente y eso fue lo que hizo que me fijara en él. Anhelaba verlo todos los días y saludarlo, especialmente para tener esas conversaciones tan llenas de substancia y de sentido. Comencé a amar a Dios a través de su amor a Dios, de su respeto y de su responsabilidad con los asuntos de la iglesia. Todo eso era desconocido para mí y lo quería incluir en mi vida. Pero, ¿cómo lo haría? Pensaba que posiblemente Dios ni siquiera quería conocerme a mí. ¿Cómo Dios iba a aceptarme?

Empecé a tener una lucha interna que me inquietaba demasiado. En años anteriores, había decidido seguir la corriente de muchos universitarios de vivir una vida alocada. La bebida, las fiestas y la lujuria se hicieron parte de mí y no me importaba si le causaba preocupación a mis padres, quienes presenciaban el precipicio por el que me estaba desplomando. Estaba viviendo una doble vida ante muchas personas. En la universidad durante el día era un ejemplo, tenía unas notas sobresalientes y me destacaba en el voleibol. En la tarde y en la noche salía esta mujer alborotadora y sin escrúpulos dispuesta a conseguir lo que quisiera, a costa de lo que fuera. No me interesaban las relaciones formales, ni lo que pensara nadie de mí. Solo quería divertirme y llenar mis horas con algo.

Cuando conocí a Luis, ese era mi estilo de vida. Durante la semana trabajaba, pero los fines de semana zozobraba a la deriva del alcohol. De viernes a domingo mi vida se consumía al punto

> *No creía que pudiera tener oportunidades, no creía merecer el amor de nadie, no tenía sueños.*

de no poder recordar lo que hacía la noche anterior. De hecho, no sabía cómo llegaba a casa, cómo me cambiaba de ropa, ni muchos menos cómo llegaba hasta mi cama. Solo podía recordar que el día después tenía un dolor insoportable de cabeza, sudaba y olía a ron y pasaba todo el día de mal humor. Para completar, yo no era una persona muy agradable con los demás. Con el tiempo y los sucesos que luego viví y trabajé, entendí que mi conducta era resultado de eventos traumatizantes que empezaron ocurrir a mis cinco años de edad, dejando profundas huellas de dolor.

Mi mal carácter, el mal humor, la bebida, las palabras soeces, malas decisiones y libertinaje eran las razones que me hacían sentir que no merecía a Dios en mi vida. Me sentía sumida en una barca sin remos y lejos de la orilla. No tenía rumbo y mucho menos dirección. No encontraba la manera de redirigir mi vida y ya la veía perdida. No entendía entonces que esa conducta no era causa, sino consecuencia de todo lo vivido y una manera no saludable de protegerme de los demás. Yo realmente no sabía lo que era el amor de Dios, ese que cubre multitud de pecados, del que habla la Palabra en 1 Pedro 4:8 (NVI):

"Sobre todo, ámense los unos a los otros profundamente, porque el amor cubre multitud de pecados".

Mi vida estaba carente de esa cobertura en amor. Muchas áreas estaban al descubierto, pero pronto Dios llenaría cada espacio vacío y sin dirección. Yo era aquella mujer del flujo de sangre. Por lo menos así me sentía; como que era inmunda. No creía que pudiera tener oportunidades, no creía merecer el amor de nadie, no tenía sueños.

¡A ESCONDIDAS!

Un día, Luis me expresó que yo le atraía y nos dimos una oportunidad para salir como amigos. No sabía ni cómo actuar con un hombre de Dios. Esa noche fue muy especial; tuvimos una velada hermosa y simpática. Realmente no esperaba pasar un rato tan agradable siendo él cristiano. Seguimos conociéndonos y al cabo de varios meses nos hicimos novios, pero teníamos que permanecer a escondidas porque trabajábamos juntos y desconocíamos si eso era ético. También, su mamá trabajaba en la escuela y yo no era de su agrado. De hecho, un día, bien pegadita a mí y señalándome con el dedo índice, me dijo lo siguiente: "Tú no te hagas ilusiones con mi hijo, pues ustedes son yugos desiguales". Yo no entendía lo que me estaba diciendo por mi desconocimiento de la Palabra. Al principio creí que me estaba insultando y me molesté mucho por lo que dijo. Luego Luis me explicó y nos reímos de mi ignorancia como jóvenes nerviosos. La verdad era que ella no se podía enterar de nuestra relación.

A veces salíamos y a lo lejos divisábamos a algún estudiante. Ya teníamos planeado que cuando sucediera, nos separaríamos y nos encontraríamos en el carro. Estuvimos así durante un año. No era fácil ir al cine y sentarnos en butacas separadas o siempre estar rodeados de gente para que nadie sospechara. No teníamos espacio para dialogar a solas, pero los límites hacían que anheláramos vernos. Cuando salíamos del trabajo, nos íbamos a nuestros hogares y, por lo menos yo, me dormía temprano para que la noche pasara rápido y ver a mi amado al otro día. Fue un amor que nació, creció y se convirtió en el sentimiento más exquisito. Todo era perfecto si estaba a su lado. Sus ojos me cautivaban y su voz era melodía armoniosa a mis oídos. Lo amaba y sabía que era el hombre con quien me agradaría compartir el resto de mis días.

Mi familia lo conoció e inmediatamente lo quisieron

mucho. Era un hombre muy conversador y muy agradable. Mi hermana hablaba con él durante horas sobre el tema que fuera; esa conexión inmediata entre ellos duró hasta que ella partió con el Señor. ¿Cómo olvidar ese día en que se apagaron los ojos de mi hermana? A la vez fue grandioso escuchar de sus labios la confesión más maravillosa. Recuerdo que Luis le preguntó: "Muriel, ¿sabes con quién te vas?". Ella casi de forma imperceptible, dijo: "Amén". Entonces, ella le apretó la mano y lo miró ya con sus pupilas dilatadas para atender lo que él le preguntaba, a lo que ella contestó con un impresionante "Sí". Mi hermana murió esa noche físicamente, pero vive eternamente frente a nuestro Señor por la decisión que tomó antes de cerrar sus ojos para siempre. Luis fue parte de eso.

Me fascinaba la sencillez de mi amado y el amor inmediato que desbordó sobre mis hermanos y mis padres. Verlo compartir con ellos me hacía pensar por primera vez en un futuro al lado de alguien. Teníamos tantas cosas en común y disfrutaba inmensamente de su compañía. Luis tenía muchas cualidades hermosas de las cuales yo me enamoré profundamente. Su más notable virtud era su amor hacia el Señor.

SEÑALES DE VIOLENCIA

Sin embargo, no todo era perfecto. Entre nosotros había asuntos irritantes y eran los celos. Tanto él como yo éramos muy celosos y quizás era un aviso o una advertencia que no debió pasar desapercibida, pero no lo trabajamos. Los celos son una alarma que debemos mantener apagada. Si los celos provocan dolor, entonces hay que alejarse de ese dolor. Yo no supe alejarme a tiempo del dolor provocado por los celos enfermizos y sucedieron cosas que pudimos haber evitado. En ocasiones nos agredíamos por malos entendidos. En una ocasión estábamos en una gasolinera y pasó un hombre frente al carro. Yo estaba leyendo una revista y levanté la mirada por instinto. Eso provocó que Luis entrara al carro en una actitud agresiva. Su desesperación hacía que me agrediera, aún sin quererlo. Luego del coraje, él mostraba arrepentimiento y yo, aún con dolor, lo perdonaba. Justificaba sus actos como amor. Eventos como este sucedieron varias veces en nuestro noviazgo. Era algo que teníamos que resolver antes de casarnos, pero lo ignoramos.

En otra ocasión, nos dejamos porque llegamos al punto de no entendernos mucho. Las peleas por cualquier razón eran más frecuentes y aunque no sucedían eventos de violencia, sí había situaciones muy incómodas frente a terceras personas. Nos faltábamos el respeto y yo comencé a desconfiar de él.

> *Los celos son una alarma que debemos mantener apagada.*

Durante un verano, él fue a un viaje misionero y yo disfruté con mi familia. Estuve sin verlo durante tres meses. Ya había perdido la esperanza de estar con él y estaba convencida de que él se había olvidado de mí. Me dolió no verlo y ni tan siquiera escuchar su voz, pero me fui acostumbrando a estar sin él según transcurrían las semanas. Yo sentía que tenía el derecho de disfrutar mi verano como quisiera y así lo hice. Me olvidé de lo que era Dios y mi anhelo por conocerlo. Emprendí un viaje al lado oscuro, estilo *Dark Vader*, y comencé a hacer cosas que no agradaban a Dios ni le agradarían a Luis, pero no me importó. Lo que quería era olvidarlo. Ese verano decidí volver a la bebida y a las salidas con amistades que no eran del agrado de Luis. No visité la iglesia ni un solo día. Llegaba a casa aturdida y luego le pedía perdón a Dios, algo que antes jamás hubiera hecho. Ya tenía conciencia de que estaba mal, pero aún así mi decisión fue tratar de olvidarlo al costo que fuera.

Cuando comenzaron las clases en agosto, lo primero que Luis hizo fue aparecerse en mi salón de clases. Mi corazón dio un vuelco cuando lo vi recostado contra la puerta. Lo traté con mucha indiferencia, aunque sabía que él podía notar mi nerviosismo.

> *El amor es algo que nace en el corazón del ser humano y marca un principio, pero no un final.*

Yo lo amaba, pero no quería revelárselo. Yo no quería sufrir una decepción, así que lo decepcioné yo primero. Lo herí fuertemente. Él por su parte no se dio por vencido y me aclaró que quería intentar el reinicio de nuestro noviazgo. Orgullosa e impulsiva al fin, le indiqué que si quería volver, tenía que ser con sortija de compromiso. Él accedió tan rápido a mi petición que por poco me arrepiento, sin embargo, me agradó que me siguiera amando. Se me olvidaron los episodios de violencia por los cuales nos habíamos dejado y comenzamos nuevamente a cultivar nuestro amor y a prepararnos hacia el fin de todo noviazgo: el matrimonio.

EL AMOR ES SOBREHUMANO

El amor es algo que nace en el corazón del ser humano y marca un principio, pero no un final. Es un sentimiento parecido a la evolución; crece y no se detiene; se transforma. Tiene vida propia. Cuando entendemos bien lo que nos dice 1 Corintios 13:8 (NVI): "El amor jamás se extingue", internalizamos que el amor va más allá que cualquier otro sentimiento o don. Es algo profundo que se nos impregna en la mente y en el corazón y nos inyecta ganas de vivir.

> *Si la tolerancia te conduce a la fantasía y no deja ver el patrón de maltrato en el que vives, puede llevarte al detonante más absurdo...la violencia.*

En la medida que mencionamos la palabra "amor" o experimentamos ese sentimiento tan arrollador, alcanzaremos a intuir, sin ningún tipo de incertidumbre, que es sobrehumano. El amor proviene de Dios porque Él es amor. En 1 Juan 4:16 (NVI) dice:

"Dios es amor. El que permanece en amor, permanece en Dios, y Dios en él".

Él fue el Creador de ese sentimiento tan tierno y sublime que es el amor. A la vez, ese versículo nos muestra que el que se hace partícipe de este sentimiento permanecerá en

Dios y Dios en él. El amor es una conexión al corazón del Padre, lo que hace que cuando albergamos ese sentimiento hacia otra persona, propaguemos esa conexión.

LA TOLERANCIA MAL ENTENDIDA

Cultivar el amor no es fácil. Requiere tolerancia y paciencia que aunque van de la mano, nos relaja simplemente mencionarlos. Cuando dos personas se aman, toleran. Sin embargo, esa tolerancia puede ser un arma de doble filo porque te puede llevar a tolerar situaciones inaceptables para tu vida y tu bienestar. Si te das cuenta de que estás viviendo en un patrón decepcionante de maltrato, todavía estás a tiempo de librarte de esa relación que no conducirá a nada bueno. Si la tolerancia te conduce a la fantasía y no deja ver el patrón de maltrato en el que vives, puede llevarte al detonante más absurdo...la violencia.

Una mujer enamorada sueña con el ideal de que el amor va a arreglar cualquier situación descontrolada, para luego encontrarse que la situación que no se resolvió se agudiza en el matrimonio. ¿Hasta dónde se debe tolerar? Por esta razón, es imperativo buscar ayuda si empiezan a expresarse signos de violencia en el noviazgo.

PARA RESPONDER Y PENSAR:

1. ¿Por qué crees que muchos jóvenes se entregan a pasiones desordenadas en los años universitarios? ¿Están ellos evadiendo o ensordeciendo el dolor de heridas provocadas en su niñez? ¿Por qué?

2. ¿Qué son para ti los celos? ¿Crees que una persona que cela es una persona que ama? Explica. ¿Qué aspectos positivos pueden traer los celos a una relación? ¿Qué aspectos negativos? Explica ambas.

3. En 1 Juan 4:16 (NVI) habla del amor:

"Y nosotros hemos llegado a saber y creer que Dios nos ama. Dios es amor. El que permanece en amor, permanece en Dios, y Dios en él".

¿Qué relación muestra este versículo entre Dios y el hombre? ¿Por qué Dios debe estar en la relación de pareja? ¿Cuál es el propósito del amor de Dios?

4. ¿Por qué debemos bendecir al que nos hace daño? Explica basándote en 1 Pedro 3:9 (NVI):

"No devuelvan mal por mal ni insulto por insulto; más bien, bendigan, porque para esto fueron llamados, para heredar una bendición".

Capítulo 2

VIOLENCIA EN EL NOVIAZGO
POR CYNTHIA ROIG

"Que nuestros hijos, en su juventud,
crezcan como plantas frondosas;
que sean nuestras hijas como columnas
esculpidas para adornar un palacio".
—SALMOS 144:12, NTV

L A VIOLENCIA DOMÉSTICA se está propagando como si fuera el estilo de vida del ser humano. Es la moda en las naciones. Hay maneras de detectarla y evitarla. En el noviazgo se da mucho esta situación y en la mayoría de los casos, no se dice nada. El silencio predomina porque el miedo y la vergüenza se imponen por causa de las amenazas o simplemente por miedo de perder a la persona amada.

The Domestic Violence Advocacy Program of Family Resources, Inc., es una entidad que ayuda a adolescentes víctimas de violencia en el noviazgo en los Estados Unidos, reveló que 1 de cada 3 adolescentes o mujeres jóvenes ha

> *La violencia doméstica se está propagando como si fuera el estilo de vida del ser humano.*

sufrido algún tipo de violencia en una relación amorosa.[1] En estas relaciones uno de los dos en la pareja trata de imponer dominio y control sobre el otro con algún tipo de abuso. Estas situaciones pueden ocurrir en mujeres entre los 16 y 25 años de edad. Esto significa que las jóvenes en edad escolar, universitarias y profesionales pueden pasar por violencia en el noviazgo, si no se les educa para que no caigan en esta práctica que tanto lastima la autoestima, la confianza y la seguridad de la persona. Quiero darte unos datos importantes referentes a la violencia, específicamente en el noviazgo, para que adquieras conocimientos que pueden salvarte la vida.

TIPOS DE VIOLENCIA
DURANTE EL NOVIAZGO

1. Abuso emocional—Son los incidentes que hieren la confianza en uno mismo.

   - Las mentiras repetidas, las promesas rotas, no demostrar afecto
   - Celos excesivos que alejan de las amistades
   - Insultos y humillaciones
   - Amenazas a la integridad personal
   - Total control de la persona, incluyendo cómo debe vestirse, qué debe comer, a dónde puede ir

2. Abuso físico—Estas son las acciones que causan dolor físico o heridas.

- Golpes, patadas o bofetadas

- Sacudidas, empujones o agarradas tan fuertes que causen molestia y dejen marcas

- Agresiones o amenazas con navaja, pistola o cualquier otro tipo de arma

- Cualquier acción física no deseada o que pueda causar daño, incluso hacer cosquillas o dar abrazos, si no son deseados.

3. Abuso sexual—Es cualquier insinuación o contacto sexual no deseado. Incluye desde los comentarios sexuales no deseados o besos, hasta relaciones sexuales. Las relaciones sexuales a la fuerza entre dos personas que se conocen se llama "violación en cita" (*date rape*).

SEÑALES DE ALERTA

Hay unas señales de alerta que puedes detectar en medio de una relación de noviazgo. Incluso si eres padre, podrás darte cuenta si ves algunas de estas en tu hijo o hija, de parte de su novio o novia:

> *Hay unas señales de alerta que puedes detectar en medio de una relación de noviazgo.*

A. La persona que conoces cae rendida a tus pies y declara amor inmediatamente. Es una señal clara de que la relación pudiera convertirse en una relación violenta.

B. Celos: No te permite tener amigos. Piensa que todos a su alrededor te desean.

C. Control: La persona comienza a llevar cuentas de con quién estás y dónde. Te dice cómo te debes vestir. Te escoge los amigos. Te prohíbe trabajar. Te quita el dinero. Amenaza con suicidarse. Difunde chismes sobre ti.

4. Violencia—Puede ser física, mental o sexual.

- Puños en paredes
- Gritos, apodos, insultos
- Portazos
- Insistencia en relación sexual no deseada
- Lanzar objetos
- Pellizcos
- Cualquier otro tipo de comportamiento agresivo

PREVENCIÓN

¿Cómo podemos evitar la violencia en el noviazgo? Estas son algunas sugerencias que pueden ayudarte a no caer en una relación de violencia o a salir de ella.

1. Hablar claramente con la persona que estás conociendo es sumamente importante. No te comprometas muy rápido en una relación. Permite que haya un tiempo razonable de conocer a esa persona que ha llamado tu atención. Es importante reconocer que al principio de toda relación, las personas que se están conociendo sacan lo mejor del archivo de los buenos modales, pero según va pasando el tiempo, la realidad sale a flote. Da el tiempo para que vivas esa realidad durante la etapa de amistad y no en una relación de noviazgo.

2. Saber de antemano el lugar a donde van a ir en una cita. Es recomendable que las parejas de novios no salgan solos, para tener cuidado de no caer en tentación. Si quieren salir a comer solos, debes saber a dónde, que sea un lugar concurrido y cerca de lugares de fácil acceso.

3. Decir a tus familiares y amigos a dónde vas. Dejarle saber a tu novio que tu familia sabe e incluso que ellos son parte importante en tus decisiones es un factor que puede hacer dudar a un agresor de hacer daño.

4. Mantente en control de tus actos y usa el sentido común. Esto es algo que si consumes drogas, alcohol o sustancias ilegales no vas a poder hacer. Tus sentidos siempre deben estar alertas. No des cabida para que

ocurra algo que puedas lamentar después, como una violación o una agresión física.

¡PROTÉGETE!

Si ya estás en una relación violenta, debes asegurar tu vida y seguir las siguientes instrucciones:

1. Haz un plan de seguridad y pide ayuda. Comunícate con alguien de confianza, como un consejero, médico, amigo o familiar.

2. Sal inmediatamente de esa situación.

Quiero enfatizar algo importante aquí, mujer u hombre que estás leyendo estas líneas. Cuando empieza la violencia, no hay manera de que cese. Si continúas en esa relación que provoca angustia, decepción y dolor, esto va ir en aumento. El patrón de conducta violenta no cambia por solo un cambio de comportamiento del agresor, y que no te pase por la cabeza que ese abuso es porque lo provocaste. ¡No es tu responsabilidad!

> *El patrón de conducta violenta no cambia por solo un cambio de comportamiento del agresor, y que no te pase por la cabeza que ese abuso es porque lo provocaste. ¡No es tu responsabilidad!*

La mujer por lo general cae en un ciclo de violencia del cual se le hace difícil salir. Vive este patrón con la esperanza de que el hombre va a cambiar. La realidad es que eso no sucede soportándolo; eso sucede huyendo y asegurando tu vida. De nada vale aguantar maltrato para terminar en la fosa. Es mejor salvar tu vida para lograr alcanzar el propósito para el cual fuiste creada.

Mujer, tú no fuiste creada para ser golpeada. Tú no eres un saco de boxeo, en donde las personas bajan su estrés golpeándote. Tú, mujer, eres un ser humano extraordinario con virtudes y defectos que se complementan para que logres tu propósito. Dios te ha dado una identidad que no debe ser arrebatada por un hombre controlador y deshumanizado. Cuando alguien no respeta la vida, ni la obra del Creador, debes alejarte de él.

Si esa persona que es violenta contigo quiere continuar la relación, dile que debe buscar ayuda antes de darle la oportunidad. La violencia es una conducta aprendida, previa a la formación de la pareja y no cambia espontáneamente por la voluntad o las personas. Requiere un trabajo de cambio orientado por especialistas. Hay un enorme banco de recursos de consejeros, sicólogos y pastores que ofrecen consejería y terapias para el control de la ira. Tú también debes buscar ayuda para apoyo y para sanar las heridas que provocó esa relación.

> *Cuando alguien no respeta la vida, ni la obra del Creador, debes alejarte de él.*

Luis y yo no buscamos ayuda a tiempo antes de casarnos y pensamos que el matrimonio iba a solucionar las cosas. Nuestro orgullo fue mayor y ambos decidimos no mostrar nuestras debilidades. El haber pasado por esta situación tan difícil no nos hace unos expertos en la materia, pero sí nos da una visión clara de su complejidad porque lo vivimos en carne propia. De todas maneras, nos dedicamos responsablemente a estudiar y prepararnos bien para poder ayudar efectivamente a otras parejas a resolver situaciones matrimoniales.

IMPACTANTES CIFRAS EN AUMENTO

En Puerto Rico, el 87% de las jóvenes en escuela superior reportaron incidentes de violencia en el noviazgo. Las estudiantes universitarias también son víctimas de violencia por parte de sus novios o compañeros consensuales.

> *Los signos del maltrato durante el noviazgo son desconocidos para gran parte de los jóvenes, que los confunden con muestras de afecto*

En el 2012, en Puerto Rico hubo un caso muy conocido de una joven a quien le amputaron ambas piernas por causa de las heridas provocadas por su novio, quien la arrolló y la pilló con su guagua. Al ver y escuchar las expresiones de familiares cercanos, se notó que ninguno sabía que ella estaba siendo víctima de violencia doméstica. Situaciones como esta se multiplican año tras año.

Es tiempo de hacer algo para combatir este mal que tanto afecta a la familia. La violencia disfrazada de amor casi no se discute. Los signos del maltrato durante el noviazgo son desconocidos para gran parte de los jóvenes, que los confunden con muestras de afecto que, en realidad, ocultan conductas controladoras basadas en la desigualdad entre los sexos.

La Fundación Alto al Silencio[2], es una entidad sin fines de lucro que ofrece educación y ayuda sobre la violencia en el noviazgo, reveló unas estadísticas interesantes que quiero compartir contigo.

- 1 de 4 mujeres mundialmente será víctima de violencia doméstica en su vida.

- El maltrato psicológico es el más común.

- En un estudio realizado en el 2006, se estableció que el 59% de las víctimas de violencia doméstica tenían de 20 a 34 años.

- En el año 2000 se informaron a la Policía de Puerto Rico 5,389 casos de violencia doméstica donde la víctima tenía de 12 a 24 años.

- 40% de los ataques a mujeres por sus compañeros comienzan en el primer embarazo.

- Solo en Estados Unidos, más de 62,000 personas han muerto por abuso en los últimos 25 años.

- 48% de jóvenes adolescentes reportaron abuso sexual o sexo forzado en 9 países del Caribe.

- Hasta el 70% de las muertes de mujeres en el mundo son ocasionadas por un compañero varón.

- En Bolivia, 17% de las mujeres de 20 años han experimentado violencia física. Nuestro gran amigo J. Lee Grady nos relató que en uno de sus viajes a Bolivia descubrió que la mujer allá tiene un dicho: "Mientras mi esposo más me golpea, más me ama".

- En México, 39% de los jóvenes de 15 a 24 años experimenta violencia en el noviazgo.
- En España, en el año 2000, cada 5 días murió una mujer a manos de su esposo o expareja.
- En Estados Unidos, la violencia doméstica tiene un costo de salud de más de $5.8 mil millones al año.
- En Estados Unidos, 1 de cada 10 estudiantes de escuela superior han sido golpeados, abofeteados o lastimados por un novio o novia.

Esas estadísticas nos hacen reflexionar por lo fuerte de su contenido. Golpear a alguien no es algo satisfactorio. Desembocar la furia contra otra persona a la que dices amar es algo trágico y triste.

Amado(a) lector(a) que te encuentras en una relación de noviazgo, con humildad te pido que si tienes que leer este capítulo varias veces para memorizarte las alertas, hazlo. Si el propósito principal de este libro se convierte en tener un noviazgo saludable, estaremos felices porque indirectamente estamos salvando vidas. Cada vez que oímos las noticias de mujeres que son asesinadas por su compañero o novio, un malestar general se apodera de nosotros, de que no hicimos lo suficiente. Si contando nuestra historia podemos ayudar a alguien a frenar la violencia en la que vive, será una victoria para Dios porque Él nos puso a testificar. Él fue clave en nuestra restauración, pero también Él es parte fundamental de nuestro ministerio.

Nosotros no nos dejamos ayudar durante nuestro noviazgo, pero no teníamos las herramientas en la mano. Si estás leyendo esto es porque sabes que te va a ayudar. ¡Aprovéchalo!

PARA RESPONDER Y PENSAR:

1. ¿Cuáles crees tú que son las razones por las que las mujeres tienen miedo de reportar la violencia doméstica? ¿Habrá personas que causan temores en ellas? Explica.

2. ¿Qué tipo de violencia crees tú que trae más consecuencias? ¿Por qué?

3. En las edades de 16 a 25 años, ¿crees que la mujer está capacitada para frenar un patrón de violencia en contra de ella? Explica.

4. ¿Qué debe ocurrir para que haya un cambio de comportamiento en una persona que es agresora? ¿Crees que esa persona puede ser restaurada y no volver a agredir?

5. ¿Podrá la violencia ser disfrazada por el amor? ¿Las muestras de afecto pueden ocultar la conducta violenta del agresor? ¿Sí o no? Explica.

Capítulo 3

DESARMADA POR DIOS
por Cynthia Roig

*"…las cosas viejas pasaron;
todas son hechas nuevas".*
—2 Corintios 5:17, rv95

UNA TARDE, TUVE que ir a la capilla de la escuela con algunos estudiantes. Yo siempre evitaba esas visitas, pues eso implicaba oír las canciones, las oraciones largas y todas esas cositas que hacían dentro de esa hora. Ese día no pude zafarme. Algo sucedió que transformó mi vida para siempre. Dios tenía preparado algo sobrenatural. Todavía no había aceptado al Señor en mi corazón, era muy antipática con mis compañeros de trabajo y con mis estudiantes, y siempre estaba malhumorada. Para completar, mi orgullo me había llevado a no llorar durante años; no expresaba mis sentimientos.

Ese día, desde que entré por la puerta de la iglesia, de mis ojos comenzaron a brotar lágrimas. No entendía lo que me estaba pasando; era algo que nunca había experimentado. Me enojé conmigo misma. Bajé la cabeza

> *Por primera vez, estaba sucediendo algo en mi vida de lo que yo no tenía el control.*

y me limpiaba las lágrimas con brusquedad, pues yo no quería que nadie me viera en esa situación tan bochornosa. Yo llevaba muchos años sin que brotaran lágrimas de mis ojos y no entendía por qué ese día en particular, frente a estudiantes y maestros, tenía yo que estar pasando esta vergüenza.

Luego de un rato de canciones y testimonios, la capellana de la escuela comenzó a hablar unas palabras de exhortación. Yo, con mi crisis de lágrimas, trataba de mantener el control, y ella haciendo lo suyo y dejándose usar por Dios. Tenía la cabeza inclinada para esconder mi rostro, cuando empecé a escuchar sus palabras que decían así: "Estoy con los brazos abiertos y te estoy esperando. ¿Por qué te resistes si aquí estoy para darte todo el amor que necesitas?". En ese momento no pude luchar más; rompí en llanto irremediablemente. De pronto, sentí unas manos que me agarraron por los hombros y me ayudaron a levantar. Yo no tenía la intención, pero continué y dejé que la persona me llevara hasta el altar.

Cuando iba por la mitad del pasillo, empecé a notar un silencio abrumador. Todos estaban callados. Nadie se esperaba que la iracunda maestra se levantara y mucho menos en una capilla. No podía dejar de llorar, pero mis sentimientos estaban luchando internamente para evitar que continuara mi trayecto al altar. Continuaba con los ojos cerrados porque no quería mirar a nadie ni escuchar a nadie. Por primera vez, estaba sucediendo algo en mi vida de lo que yo no tenía el control. Se me había salido de las manos completamente y no podía retomarlo. Alguien me estaba guiando hasta el altar y me dejé llevar.

De pronto, quise saber quién me había levantado. Yo estaba casi segura que había sido Luis, pero me equivoqué. Abrí los ojos y no había nadie a mi lado. Me aterré, pues estaba experimentando algo completamente inesperado y desconocido para mí. Al tiempo entendí que quien me estaba taladrando el corazón, quien susurraba a mis oídos, quien me sujetó durante toda mi vida, era el mismo que me había levantado del asiento esa mañana: el Espíritu Santo.

Mi dureza tenía raíces dolorosas

Casi de inmediato comencé a sentir un dolor agudo que salía del esófago y subía hasta mi boca. Al abrirla, salieron unos gritos agudos de años de dolor.

Yo fui una niña marcada por personas que abusaron de mí; personas de confianza de mis padres. A las fiestas navideñas en casa de mis padres asistían personas de la familia, vecinos y agregados. Esas fiestas siempre estaban llenas de

> *Me lastimó mucho saber que viví 21 años de mi vida echándome una culpa que no me pertenecía.*

gente. Algunos de ellos venían a jugar conmigo, pero su acercamiento no siempre era de juego inocente. La realidad era que entre bebida y bebida, ellos se aprovechaban de una niña de 5 años que era muy insegura y tímida.

Mis padres, en ocasiones, me dejaban cuidando en la casa de uno de esos vecinos y yo tenía que soportar largas horas de acercamientos inapropiados. Recuerdo ese tiempo con mucha claridad y hasta las palabras que me decían: "No se lo digas a tus padres porque te van a castigar; todo esto es tu culpa". Viví por años con un remordimiento que me ahogaba y una angustia terrible porque no quería que supieran lo que yo pensaba que era mi pecado. Luego de mucho tiempo, descubrí que no era mi pecado, sino que era la víctima. Me lastimó mucho saber que viví 21 años de mi vida echándome una culpa que no me pertenecía.

Yo nunca se lo dije a nadie y esa era la razón por la cual desde los cinco años nunca lloraba. Mis padres se preocuparon y me llevaron a un sicólogo, pero supe ponerme una máscara y manipular la situación para que no me volvieran a llevar a ese lugar. Desde esa edad tuve la necesidad de usar mecanismos de defensa con dos propósitos fundamentales: primero, cuidar que nadie descubriera mi secreto; y segundo, evitar que me volvieran a lastimar. Me volví insensible y cuando tuve edad suficiente, construí un caparazón macizo que nada ni nadie podía agrietar.

Esa despiadada violencia no fue la única que recibí a tan tierna edad. No toda la violencia es física ni sexual. La violencia psicológica es nefasta para los niños.

De pequeña, tuve una situación con una maestra de segundo grado que me marcó de por vida. Recuerdo que ella me señaló para que dijera las vocales. Yo era una niña tímida y me tardé en dar la respuesta. Ella, sin tener paciencia, se molestó y mandó a buscar a un niñito de kínder para que me las dijera. Eso fue vergonzoso, pero peor me sentí cuando puso a los demás niños del salón en fila para que me dijeran lo que ellos sintieran decirme.

Mis compañeros de clase comenzaron a despotricar palabras de humillación, tales como "tonta", "estúpida", "morona", "boba", "anormal", "retardada", "tú no sirves", entre otras cosas que no puedo mencionar. Todo esto ocurrió entre las carcajadas y los aplausos de la maestra. Aquella figura adulta de autoridad que se supone que me protegiera de las burlas y los abusos de los estudiantes, no solo no cumplió con su deber, sino provocó e incitó continuamente la destrucción de mi autoestima en una etapa crítica en mi desarrollo, cuando yo no podía ni sabía defenderme.

Aquella niña de segundo grado tuvo que continuar todo el año viendo diariamente a su verdugo y escuchando sus improperios hirientes a cada momento. Todos los días eran una tortura. Por pasar por este tipo de experiencia tan traumatizante, decidí no ser una persona agradable. Me convertí también en verdugo, lastimando a todo aquel que se me acercaba mostrando cariño; un cariño que no podía aceptar porque pensaba que era hipocresía. Desde ese día tan humillante, me sentí sola, con un vacío interno que no lo llenaba nada. Ese vacío me provocaba dolor en el corazón y me sentía enferma. Llegué a simular enfermedades para captar la atención de mis padres y sentirme amada sin que estuvieran mis hermanos. En esos momentos, mis padres eran míos y de nadie más. Eran los únicos espacios en mi vida cuando me sentía protegida, pues no tenía que ir a la escuela a recibir malos tratos. Estaba tan asustada y avergonzada que nunca me atreví a contárselo a mis padres.

CRISTO EN MI CORAZÓN

Esa mañana cuando Jesús entró en mi corazón, mi caparazón se agrietó y según iba avanzando la hendidura, aumentaban mis deseos de llorar y gritar. Estaba haciendo todo un espectáculo. Seguí mi camino hasta el altar, allí me derrumbé a llorar amargamente durante casi cuatro horas y terminé aceptando al Señor como mi salvador personal. Yo nunca supe a qué hora salieron los estudiantes de la capilla. Mi devastación era tal que no escuché nada. Estuve derramándome delante de Dios y lloré lo que había reprimido durante años. Mi corazón me dolía tanto que no podía ni respirar. Cuando todo terminó, me levanté cansada, pero aliviada. Al darme cuenta de lo que había pasado, agarré mis cosas y partí hacia mi hogar.

Esa tarde yo salí sin fuerzas y mi rostro estaba desfigurado de tanto llorar. Estuve ausente tres días en lo que me componía. En la estadía en mi casa, estuve reflexionando en todo lo que había ocurrido y por primera vez abrí una Biblia. Me dije a mí misma: "Si Dios fue el que me tocó esa mañana, algún mensaje me tendrá hoy también". Entonces la abrí en 2 Corintios 5:17 (RV95) que dice así:

"De modo que si alguno está en Cristo, nueva criatura es: las cosas viejas pasaron; todas son hechas nuevas".

Entendí que era yo esa nueva criatura y que todo lo que había hecho que no le agradaba a Dios había quedado atrás: todas las heridas, todos mis pecados, toda la ira y la soberbia, en fin, todo.

"El volverá a tener misericordia de nosotros; sepultará nuestras iniquidades, y echará en lo profundo del mar todos nuestros pecados".

—MIQUEAS 7:19

Cristo, en su infinita misericordia, pasó por el lugar donde me encontraba y permitió que tocara su manto. Se disiparon mis dudas, pues Él me recibió tal como estaba: toda manchada, destruida, desesperanzada y enlodada. Él comenzó en mí un proceso de vida nueva. Ahora comprendía que tenía un valor para Dios. Este era el momento; la oportunidad que Dios me brindaba para rehacer mi vida y hacer las cosas bien. Empecé a verme diferente.

Cuando uno tiene un encuentro con Dios, todo cobra sentido. A uno se le hace difícil entender que Él te recibe tal y como estás, no te cuestiona, no te señala. Solo extiende sus brazos para abrazarte y mostrarte todo el amor posible. Es un momento único en tu vida que define lo que realmente eres: una persona con una identidad única. Sorprendentemente, comienzas a descubrir talentos que no sabías que tenías, empiezas a cambiar tu vocabulario y desechas de tu boca toda palabra que no va de acuerdo con lo que Dios

> *Cristo, en su infinita misericordia, pasó por el lugar donde me encontraba y permitió que tocara su manto.*

representa. Es un tiempo de redescubrirse totalmente y de restaurar lo que estaba dañado.

Pasados los tres días de estar escondida, durante los cuales no recibí llamadas ni visitas, regresé a mi trabajo e inmediatamente noté un cambio en mi comportamiento. Las personas me saludaban y yo les contestaba el saludo, algo que yo no hacía antes, pues era muy antisocial e iracunda, y caminaba molesta por la escuela. Ahora me preguntaba cómo todos habían tolerado mi comportamiento tan hostil. Cuando me encontré a Luis, me miró con la mirada más dulce y comprensiva, una mirada que jamás en mi vida yo había experimentado. Me mostró su felicidad y me dio la bienvenida a la familia de Dios. Yo solo le dije que él había sido el canal de bendición que puso Dios para que yo hubiera dado ese paso.

Cuando uno tiene un encuentro con Dios, todo cobra sentido.

Desde el día que le entregué mi corazón a Cristo, me sentí diferente. Empecé a valorarme, algo que nunca había hecho. Por primera vez me sentía distinta, libre de una opresión que me había tenido aprisionada por años. Pude perdonar a esas personas y comprender que yo no era culpable de lo que había sucedido. Me di cuenta que yo tenía una identidad única, que nadie se parecía a mí. Mi descubrimiento mayor fue que Dios me había creado. Él había puesto sus manos en mí para formarme en el vientre de mi madre y ese detalle me hizo sentir amada y especial. Mi vida cobró otro sentido, estaba feliz de que ahora era una hija de Dios. Saber eso redundaba en una llenura exorbitante, y me sigue y seguirá llenando el resto de mis días.

Secretos con consecuencias

Aunque estaba llena de Cristo y eso aumentó mi confianza en mí misma, no pude contarle a Luis aquel grave suceso de mi niñez. Pensé que ya había pasado, pero no sabía que más adelante iba a traer conflictos en mi matrimonio. Era algo tan delicado y yo desconocía cómo él iba a reaccionar ante tal situación. Aunque era del pasado, pensaba que Luis no me querría si llegaba a saberlo. Esa parte me preocupaba grandemente, pero como era yo la única que lo sabía, decidí tratar de olvidar.

En las consejerías prematrimoniales que ofrecemos, siempre le damos la oportunidad a la pareja que está por casarse para que hable de asuntos del pasado que puedan traer contiendas al presente en su matrimonio. Cada vez hemos visto cómo Dios protege y liberta a uno o a los dos, de cargas que han llevado sobre sus hombros durante años. La comunicación y decir hasta lo desagradable antes de casarse pueden ser factores muy importantes para el matrimonio que está por acontecer. Entonces la otra persona se prepara para que cuando haya conductas irritantes pueda identificar de dónde salen. Esta comunicación acarrea una sanidad interna que a la vez trae salud al matrimonio.

Una pareja que llegó a nuestra oficina se sorprendió al exteriorizar esos recuerdos no expresados. Les traían conflictos serios dentro de su noviazgo y llegó el día en que se dijeron todas sus cargas. Ese día lloraron por la cantidad de cosas que supieron en un solo instante, pero salieron amándose, comprendiéndose más y dispuestos a luchar por algo que todavía no había comenzado. Esa revelación cambió la manera de verse y hasta de hablarse. Al día de hoy, llevan tres años de casados y tienen una hermosa hija, producto de un amor que ha superado barreras.

EN LA PLENITUD DEL SEÑOR

Dios tiene planes para nosotros que desconocemos totalmente. En su Palabra nos dice en Jeremías 29:11 (NVI):

> "Porque yo sé muy bien los planes que tengo para ustedes—afirma el Señor—, planes de bienestar y no de calamidad, a fin de darles un futuro y una esperanza".

Dios siempre planifica lo mejor para nosotros, pero es importante entender que tenemos el libre albedrío del rumbo que toma nuestra vida. No siempre las decisiones que tomamos son las que nos llevarán al propósito de Dios. Sin embargo, siempre Dios, en su infinita misericordia, nos acerca a una oportunidad; nos aproxima a una posibilidad. Es nuestra responsabilidad tomarla o desecharla.

Durante los días y meses subsiguientes, empezó en mí como un fuego por aprender más acerca de la Palabra y de lo que es actuar de acuerdo a los mandamientos de Dios. Mi enfoque había cambiado. Ya no buscaba una satisfacción personal, sino algo que me brindara una satisfacción espiritual. Pude comprender rápidamente que mi espíritu estaba completamente vacío, debía ser llenado y lo único que lo llenaría era su Palabra.

En la búsqueda de Dios, el corazón se acondiciona para acomodar todo lo que va a llegar de forma repentina. Yo no conocía a Dios de la forma que lo estaba conociendo en ese momento y era todo nuevo y extraordinario. Deja uno de batallar con el razonamiento y comienza a dejar que lo paradójico cobre sentido. De pronto, concluyes que la vida no se vive a la manera carnal, sino a la manera sobrenatural. Llegar a esa conclusión destrozó lo que era para mí la vida misma y me situó en lo fundamental. Dios comenzaba a ser la piedra angular, el fundamento, la base que determinaría mi futuro.

Yo era una persona insegura, llena de complejos, los cuales ocultaba bajo un caparazón de enojo y prepotencia. Yo siempre pensaba que era menos que los demás. Tenía la autoestima por el piso. Según fui aprendiendo del amor de Dios, de

> *De pronto, concluyes que la vida no se vive a la manera carnal, sino a la manera sobrenatural.*

su perdón y de su gracia, comencé a entender que yo era valiosa. Yo tenía una identidad que me había dado Dios y que nunca había reconocido. Ya no me tenía pena, ya no tenía que llamar la atención de los demás para obtener su aprobación. Yo tenía una personalidad maravillosa que Dios había diseñado exclusivamente para mí y yo la había guardado en la gaveta del olvido. Comencé a descubrirme. A medida que pasaba el tiempo y más aprendía de su Palabra, empecé a exteriorizar diversos talentos que me harían servirle a Él. Fue un viaje a mi interior que sustrajo todo lo que estaba guardado en la maleta de la contrariedad. Yo no sabía que tenía algún talento y comencé a participar en un grupo de danza de un ministerio. Terminé realizando las coreografías. Fue una experiencia hermosa servirle a Dios a través del baile; me esmeraba en hacerlo perfecto para Él. Luego comencé a escribir y publiqué durante dos años unas agendas llamadas "Agenda de vida", las cuales fueron de bendición para las personas que las leían. Fue ahí que pude darme cuenta que tenía unos talentos que nunca descubrí hasta que el Señor me los mostró, o mejor dicho, hasta que el Señor abrió mis ojos.

Desde ese día en que me derramé en sus brazos han pasado 21 años y puedo decir con certeza que servirle a Dios ha sido una de las cosas que más satisfacción ha traído a mi vida. Ayudar a las personas a restaurar su hogar, ministrar a mujeres o a matrimonios, orar, predicar y dar el mejor consejo, entre otros, son labores hermosas que le dan sentido a lo que soy.

Estoy tan agradecida al Señor porque al día de hoy no sé dónde estaría si Cristo no se hubiera topado conmigo y me hubiera dado la oportunidad de caer en sus brazos. Todo estaba escrito, todo estaba diseñado para que ese majestuoso día yo entrara en su familia. Es un enorme privilegio llamarme hija de Dios. Ni las burlas, ni los comentarios, ni el desprecio de los míos, ni aún mis hermanos resintiendo mi conversión, podrán quitarme el gozo de la salvación. Yo soy de Cristo.

En estos momentos, Dios sigue transformando mi vida. Voy al recuerdo y hay cosas hermosas que nunca olvidaré, pero hay un lado oscuro que no tengo que recordar porque Dios tampoco lo recuerda. Me siento libre, perdonada, redimida, pero sobre todo, amada. Es algo que me rodea todo el tiempo y me ha traído grandes bendiciones. Dios me ha dado más de lo que merezco, me ha traído más de lo que comprendo y todo lo hace porque me ama. Su divino amor es complaciente y ofrece bendiciones abundantes.

Mientras uno está aprendiendo de esta nueva criatura y de la manera en que se debe vivir, el enemigo también trata de inmiscuirse para desanimarte y hacerte caer de nuevo. Es importante que plantemos la bandera de la gratitud. Dios te ofrece una oportunidad para que seas próspero en tu vida. Prosperidad no es obtener todas las riquezas del mundo. Es ser bendecido a tal grado que no nos falte nada porque tenemos lo que realmente necesitamos.

ESTE ES EL MOMENTO PERFECTO

Si al día de hoy estás leyendo este libro y no has hecho una decisión por Cristo, déjame decirte que este es el momento. Estás a tiempo para encontrar la riqueza más grande que puedas obtener: tener a Cristo en el corazón. No estoy diciendo que con eso se te acaben tus problemas, pero obtendrás herramientas muy efectivas para cuando estés pasando por un suceso incómodo. También recibirás fortaleza de lo alto para cuando venga algo que te entristezca.

Por mucho tiempo, estuve luchando sola mis batallas. No aceptaba ayuda de nada que tuviera que ver con el evangelio. Solo pude llegar a la decisión de que sola no podría, si Dios no intervenía en mi vida. En el momento en que tienes un encuentro con Dios, comienza una transformación en tu vida, una renovación de tu entendimiento que hace que tus ojos sean abiertos a la verdad, la única verdad, la cual está en las escrituras y hace que nuestras vidas cobren sentido.

El Salmo 40:2 (NTV) dice:

> "Me sacó del foso de desesperación, del lodo y del fango. Puso mis pies sobre suelo firme y a medida que yo caminaba, me estabilizó".

Desde que acepté al Señor como único y suficiente Salvador, pude experimentar claramente cómo mis pies salían del lodo cenagoso. Yo no podía ver por dónde caminaba, pues mis pasos iban sin dirección por un sendero oscuro e inestable. Dios puso mis pies sobre la roca. La roca simboliza el cimiento. Caminar sobre la roca te hace ver tus pies en un terreno firme y estable. Caminar sobre la roca te da dirección. Yo encontré el rumbo hacia donde mi vida sería dirigida. Encontré que tenía un propósito en la vida y que de ahora en adelante ya no estaría sola.

> *Dios puso mis pies sobre la roca. La roca simboliza el cimiento. Caminar sobre la roca te hace ver tus pies en un terreno firme y estable. Caminar sobre la roca te da dirección.*

Dios caminaría a mi lado como siempre lo había hecho. La única diferencia era que ahora yo sería consciente de su compañía.

Amigo o amiga, si hay algo que obstruye tu visión, quítalo del medio y comienza a mirar al Dios de los cielos. De la misma manera que a mí me perdonó, me sanó y me levantó, lo hará contigo. Cada experiencia es diferente. Lo que sí es semejante es que todos tendremos el gran privilegio de pertenecer a la familia de Dios: una familia hermosa que está dispuesta a escucharte y a bendecirte. Dios no se equivocó conmigo al permitirme llegar a este mundo como yo pensaba. Tampoco se equivocó contigo. Eres una obra hecha por sus manos. Te miró en el vientre de tu madre. Él estuvo ahí mientras te formabas. ¿No te parece maravilloso?

Si no conoces a nuestro Señor y te identificas con lo que he compartido contigo, en este mismo momento di lo siguiente:

"Yo confieso que Jesucristo es el Señor y creo en mi corazón que se levantó de entre los muertos para darme vida eterna. Jesús, te acepto como mi salvador personal. Me arrepiento de todos los pecados que he cometido contra Dios, contra los seres que amo, contra el prójimo y contra mí mismo, sabiendo que tú tampoco los recordarás.

Ayúdame a comenzar de nuevo una vida en ti. Me rindo a la dirección del Espíritu Santo en mi vida y le pido que guíe cada uno de mis pasos. En el poderoso nombre de Jesús, amén".

Lee a diario la Palabra de Dios y busca una iglesia donde te congregues con la familia de Dios y recibas nutrición espiritual escuchando y aprendiendo la Palabra.

PARA RESPONDER Y PENSAR:

1. ¿Qué hace tener un encuentro con Dios? ¿Por qué somos únicos?

2. ¿Qué te puede revelar el versículo de 2 Corintios 5:17 (NVI)?

"Por lo tanto, si alguno está en Cristo, es una nueva creación. ¡Lo viejo ha pasado, ha llegado ya lo nuevo!"

¿Crees que todos experimentamos eso cuando tenemos un encuentro con Dios?

3. ¿Qué simboliza el lodo y el fango del que habla el salmista en el Salmo 40:2 (NVI)?

"Me sacó de la fosa de la muerte, del lodo y del pantano; puso mis pies sobre una roca, y me plantó en terreno firme".

¿Qué simboliza caminar sobre la roca? Explica.

Capítulo 4

RUMBO AL SUEÑO DE TODA PAREJA: ¡MATRIMONIO!

por Cynthia Roig

*"¿Pueden dos caminar juntos sin
antes ponerse de acuerdo?".*

—Amós 3:3, nvi

EN NUESTRO COMPROMISO anunciamos la fecha de la boda. Teníamos el tiempo justo para hacer todos los preparativos referentes a la tan ansiada ceremonia. Mis padres se emocionaron, pero a la vez se sintieron muy tristes porque no me casaría en la iglesia en la que me crié. De niña asistía con ellos a la iglesia católica. Allí aprendí la reverencia que había que tener en una iglesia, pero según fui creciendo me fui alejando de todo y no visitaba ninguna. Cuando les mencioné que iba a casarme por la iglesia evangélica, hubo unas semanas de crisis en mi casa. Todos los días mi madre me insistía, pero me mantuve firme. Me senté con ella y le expliqué con lujo de detalles cómo fue mi experiencia con Dios el día de mi conversión y por qué estaba tan agradecida a Dios por ello.

Mi madre sabía que yo bebía y que tenía un carácter muy volátil, pero había estado observándome y ese día me dijo: "Cynthia, te entiendo porque he visto un cambio en ti y si Dios fue el que lo logró, adelante, te apoyaré y en la iglesia que elijas, allí estaré contigo". Esas palabras penetraron a lo profundo de mi corazón, pues mi madre y yo teníamos una relación tan intensa y unida, que no hubiera soportado que el lugar de mi boda fuera causa de discordia. Su amor por su hija pequeña pudo sobrepasar cualquier contrariedad.

Mi madre era una mujer increíble. Nunca la vi bajando los brazos derrotada a pesar de padecer úlceras en sus piernas, diabetes y otras condiciones. Era una mujer valiente y abnegada para con sus hijos. A todos nos atendía con esmero y a los amigos de todos también. Nuestra casa podía estar llena, pues éramos cinco hijos y todos llevábamos nuestras amistades. Nunca pasamos hambre, siempre había en abundancia. En mi casa nunca había silencio y ella nunca se quejaba; eso la hacía feliz.

Sin embargo, mi padre estaba molesto, pero no opinaba. Prefería quedarse callado. Ya tenía demasiado con la noticia del casamiento y la iglesia pasó a un segundo plano. La realidad es que fueron entendiendo, al punto que se involucraron con todo lo que implicaba la boda. Los detalles de una boda mantienen ocupados a todos los involucrados, así que todos estábamos sumergidos en las aguas profundas de la toma de decisiones: séquito, local, banda, traje, tantos detalles que realmente aturden.

CONFLICTOS SIN RESOLVER

Cuando escogimos las invitaciones, comenzamos a buscar versos bíblicos que pudieran declarar lo que queríamos para el resto de nuestras vidas. Entonces Luis me enseñó el verso perfecto para nuestra tarjeta de boda. Este se encuentra en Cantares 8:6-7 (NVI):

> "Grábame como un sello sobre tu corazón; llévame como una marca sobre tu brazo. Fuerte es el amor, como la muerte, y tenaz la pasión, como el sepulcro. Como llama divina es el fuego ardiente del amor. Ni las muchas aguas pueden apagarlo, ni los ríos pueden extinguirlo".

Esas palabras calaron profundamente en mi corazón y comencé a reflexionar en ellas día y noche, especialmente en la parte que decía "ni las muchas aguas pueden apagarlo, ni los ríos pueden extinguirlo". Fue en ese momento que me dije a mí misma: "El paso que estoy dando es serio".

> *"Grábame como un sello sobre tu corazón; llévame como una marca sobre tu brazo. Fuerte es el amor, como la muerte, y tenaz la pasión, como el sepulcro. Como llama divina es el fuego ardiente del amor. Ni las muchas aguas pueden apagarlo, ni los ríos pueden extinguirlo".*

Pensaba que nuestro amor era lo bastante fuerte para sobrellevar cualquier embate. ¡Qué equivocada estaba! Tomar la decisión de casarse no puede basarse simplemente en la apariencia física de una persona o por experimentar el placer sexual. Conlleva un compromiso, una madurez y saber dar más de lo que se recibe. Cuando los novios desfilan hacia el altar, deben estar completamente seguros y firmes del paso que están dando. El mejor paso para un buen matrimonio es agarrarse de la mano de Dios. Poner a Dios como centro de la relación implica tener dirección, estar conscientes de que aunque vengan los momentos duros, van a permanecer en fe y unidos.

En fin, continuamos con todo lo que conllevaba realizar una boda perfecta. Todos esos preparativos antes de la boda nos consumían: el traje de novia, el salón, las damas, la madrina, el padrino, la luna de miel. Eran tantos detalles que no acababan y lo que nos traía era un agotamiento mental y físico que provocaba discusiones momentáneas que terminaban en un "sí, mi amor". Cuando se pronunciaban esas palabras, era como poner fin a lo absurdo y camuflar toda situación, dejándola en el tintero. Más bien eran asuntos sin resolver.

Semanas antes de la boda, tuvimos un conflicto serio que involucraba a mi familia. Mi padre quería que en la boda de su hija hubiera bebidas alcohólicas. Luis se resistió; no lo iba a permitir. Yo lo entendía, pero trataba de explicarle que ya era un cambio fuerte la decisión de la iglesia y ¿cómo le iba a decir a papi que no habría bebida? En realidad la del conflicto era yo. Estaba entre los dos hombres más importantes de mi vida tratando de resolver una diferencia. Esta situación provocó varios días de discusiones entre unos y otros, pero más

> *El mejor paso para un buen matrimonio es agarrarse de la mano de Dios.*

entre Luis y yo. Al final todo se resolvió de la mejor manera: no hubo bebida.

Aunque ese asunto se resolvió, lo que no se manejó fueron todas las palabras hirientes que nos dijimos en medio del coraje. Eso lo dejamos sin tocar, no nos pedimos perdón y continuamos como si nuestra conducta fuera normal: insultarnos y ya. Nos acostumbramos tanto a resolverlo todo así, que no dejábamos salir el coraje. Nos convertimos en volcanes inactivos.

Por otro lado, también había emoción. Se acercaba la tan esperada fecha y no dejaba de pensar en cómo sería mi vida al lado del hombre que amaba tanto. Luis significaba para mí una nueva vida, un destino; significaba unidad. Era el hombre que Dios había puesto en mi camino, ese hombre que no esperaba, pero que a Dios le agradó cruzarlo frente a mí. Yo había cambiado tanto desde que lo había conocido, que quería seguir viendo qué Dios tenía preparado para nosotros. Estaba a punto de entrar en la aventura más extraordinaria de toda mi vida, donde lo desconocido y lo conocido se unen para adentrarse en lo incógnito. ¿Qué Dios estaba planificando al unir a un hombre como Luis con una mujer como yo? Él amaba a Dios con todas sus fuerzas y estaba encaminado a seguirle por siempre. Yo, recién convertida al evangelio y temerosa de no fallarle a Dios con mis desconocimientos sobre su Palabra, estaba dispuesta a seguirlo. Hacia donde Luis se dirigiera, yo iría.

Yo dependía de Luis en el ámbito espiritual. Sin embargo, era muy independiente en los demás aspectos de la vida, entiéndase profesional y social. En aquel momento yo era la jefa de Luis, ganaba más dinero que él y tomaba las decisiones más fundamentales para el futuro de la relación. Yo manejaba el dinero y me costó entender el concepto de unir nuestras cuentas. Era muy egoísta; Dios estaba trabajando fuertemente conmigo en ese aspecto. Era muy dominante; me daba trabajo tomar decisiones entre los dos, lo que revelaba una serie de conflictos. Hasta para hacer compra quería tener control total. Estaba muy acostumbrada a tomar mis decisiones sin consultarle a nadie, pero como estaba tan enamorada y él me mostraba su amor incondicional ante todo, continuamos con los planes de unirnos en matrimonio. Fuimos a la consejería matrimonial que se requiere para uno casarse y cumplimos con todos los demás requisitos. Así nos encaminamos hacia el altar.

EL DÍA CULMINANTE DE NUESTRAS VIDAS... ¡HABÍA LLEGADO!

El día de la boda desperté muy temprano y caminé toda la casa. Estuve en todos los cuartos, en el balcón, en la sala, la marquesina. Mi mente estaba sumergida profundamente en todos mis recuerdos. Recordaba mi niñez, mis amistades, mis juegos y hasta los malos ratos. Tenía un conglomerado de pensamientos tan particulares que súbitamente se abalanzaron tomando de rehén a mi corazón y creando un efecto en mis sentimientos. Lloré, reí, me enojé, volví a reír. Estaba manifestando tantas cosas al mismo tiempo que definitivamente se percibía que era el nerviosismo del momento.

Mientras iba llegando el mediodía, también iba

llegando un temor que me recorrió todo el cuerpo, paralizándome el alma. Comencé a cuestionarme si sería buena esposa, buena ama de casa, si cocinaría bien, si sería tan admirable como lo era la mamá de Luis, a quien estimo profundamente. Me preguntaba si sería tan dedicada como lo era mi madre, si podría tener hijos y si sería buena madre. En fin, me preguntaba cosas en las que antes ni siquiera había pensado. Estaba presionándome yo misma a tal punto que cuando iba a gritar de la desesperación, apareció en la puerta de mi cuarto una amiga muy especial: Stella.

Habíamos estudiado juntas en la universidad y pronto nos hicimos muy amigas. Ella supo que me pasaba algo, se acercó a mí y me abrazó. Pude desahogarme con ella. Hablamos tanto y tanto que cuando llegó la maquillista, ya estaba más que preparada, mi mente estaba enfocada y lista para encarar mi nueva vida junto a mi amado. Dios había enviado a Stella porque sabía que la necesitaba; no tengo otra manera de entenderlo. Stella se había ido a Miami a vivir hacía años y no la había vuelto a ver. Llegar justo el día de mi boda y en un momento en que estaba desesperada fue definitivamente obra de Dios.

Llegamos a la iglesia muy a tiempo. Yo no era de esas novias que hacen esperar a sus novios al punto de causarles un arrebato de nervios que los hace sudar y comerse las uñas. Todo lo contrario. Tuve que esperar en el carro a que todo estuviera completamente listo. Ya estando todo en orden, salí del vehículo y la boda comenzó.

ADIÓS AL PRIMER HOGAR

El desfile fue hermoso. Mientras iba de camino al altar, vi a tantas personas significativas en mi vida. Quiero resaltar a mis padres, quienes se amaban de una forma única, con un amor incondicional. Mi padre no se separó nunca del lecho de muerte de mi madre. La honró y la amó hasta el final. Mis padres son héroes del amor, luchadores, emprendedores y muy talentosos. Allí estaba mi padre, llevándome del brazo hacia el altar; tan gallardo e imponente, pero impenetrable en sus emociones. Ese día, cuando el pastor preguntó: "¿Quién entrega a la novia?", solo se escuchó un silencio y, con la garganta ahogada en un nudo seco, mi padre puso su mano en la frente e hizo un saludo de militar. Cuando miré hacia atrás, pude mirar sus hermosos ojos azules llenos de lágrimas. Fue en ese momento que sentí el amor de mi padre y comprendí su pérdida.

Miré a mi madre y con postura firme y elegante, se secaba unas lágrimas que apenas salían de los ojos. Le extendió la mano a mi padre como si él necesitara de ese toque para calmarse. Ella sabía exactamente cómo tomar control de aquella situación tan emotiva y a la vez tan incomprensible para los dos.

Para los padres es un sueño cumplido cuando sus hijos se casan, pero a la vez es el momento en que tienen que soltarlos a vivir su vida. Ya sus decisiones no necesariamente serán consultadas y se cumple la Palabra de Dios cuando nos dice en Génesis 2:24:

"Por tanto, dejará el hombre a su padre y a su madre,
y se unirá a su mujer, y serán una sola carne".

Aunque suene fuerte, dice que dejarás porque te mudas,
ya no vives con ellos y ya no dependes de ellos. Si es por
ellos, te sostendrían mientras pudieran, pero la realidad
es que no es así. Mi padre, aunque era un hombre fuerte
que no expresaba sus sentimientos con facilidad, siempre
me dejó ver que estaba allí para mí. Cuando era pequeña,
anhelaba que sonara el timbre del colegio para salir co-
rriendo y encontrarme con ese hombre. Todos los días
me compraba algo de camino a casa. Siempre con paciencia me preguntaba todos los días lo mismo: "¿Cómo
te fue en la escuela hoy?". Ese momento era solo entre él
y yo. Era mío por par de minutos y los aprovechaba al
máximo. Si él tenía que hacer paradas a donde fuera, en
una ferretería, el colmado o el trabajo, no me importaba
porque significaba más tiempo con él.

Por eso, cuando por primera vez salí sola para la universidad y me di cuenta que ya mi padre no estaría espe-
rándome en el portón para recogerme, lo extrañé. Ya no
habría más paradas ni espacios solos para "Papi y yo". Un
tumulto de gente nos rodearía siempre y me costaba com-
partirlo. Ese día de mi boda volví a ver al padre que me
recogía en el colegio: el que posiblemente pensó también
en esos recuerdos al momento de entregarme, en esos
momentos donde compartía todo con su hijita menor.

En medio de la alegría, yo podía sentir su sinsabor
de no tener a la hija menor en la casa ni verla llegar
todos los días y dormir en su cuarto. ¿Cómo entender

eso? En realidad no lo sé. Cada padre que experimenta el casamiento de un hijo lo enfrenta con valor, pues no debe ser fácil no tenerlo a su lado después de años de compañía y cuidados. Lo importante es que allí estaban ellos, demostrándome una vez más lo que es el amor incondicional y verdadero: ese amor que con tan solo un toque se consigue la calma...con tan solo una mirada se detiene la vorágine del desespero...con tan solo una sonrisa se ilumina un rostro. A eso quería llegar yo. A ese amor que impacta a otros y que testifica de tan solo mirarnos.

Continuó la ceremonia y todo transcurrió tan perfecto. Era como vivir un sueño sin fin ver a las dos familias disfrutando nuestro enlace. Mi hermano mayor amenizó la fiesta con un grupo que interpretó música instrumental bailable. Era un apoyo magistral para mí. Mi tía preparó todas las flores y decoró el local. Cuando entré y lo vi, quedé maravillada con semejante decoración. Se veía el empeño y la dedicación para que todo luciera espectacular.

Miraba a Luis durante la noche y no podía creer que ya fuéramos esposos. Dios me había bendecido con un esposo maravilloso, guapo y talentoso. No obstante, mi admiración a Luis no era tanto por sus talentos, sino por lo

> *Cada padre que experimenta el casamiento de un hijo lo enfrenta con valor, pues no debe ser fácil no tenerlo a su lado después de años de compañía y cuidados.*

emprendedor que era y el amor tan inmenso que le tenía a Dios. Su forma de orar me hacía contener la respiración. Era como si no quisiera que el ruido de mi respiración interrumpiera esos momentos especialmente diseñados para la comunicación con Dios; eran momentos únicos.

UN MATRIMONIO ES VACIAR UN HOGAR Y LLENAR OTRO

Llegó la hora de despedirnos de todos para emprender nuestro viaje hacia la luna de miel. Despedirme de mi familia fue muy difícil. El abrazo a mis padres casi no terminaba. No quería alejarme de ellos. Me rompió el corazón mirar hacia atrás cuando iba de camino al carro y ver los ojos de mi madre mirarme de forma impotente, anhelando que yo virara y me quedara con ella. De pronto irrumpió en llanto y no quise mirar nada más.

Mi padre ya no se veía por todo el panorama, me imagino que para no presenciar la separación. Eso fue sumamente difícil y entristeció mi corazón al punto que Luis comenzó a hacer su rol de esposo, tratando de apaciguar mi llanto. Pronto traté de reponerme y continuamos hacia la travesía de lo que sería nuestro matrimonio. Es en ese mismo momento que te das cuenta del paso que diste.

Mis padres desconocían nuestros problemas. No sabían nada de nuestros corajes, los celos y mucho menos de los pocos episodios violentos que protagonizamos. Delante de ellos éramos una pareja ideal. En realidad, para nosotros mismos éramos lo máximo porque nos amábamos y nuestro matrimonio era la oportunidad de demostrar al mundo cómo es que se ganan las batallas. Nuestro noviazgo no fue un cuento de hadas, pero tuvimos nuestras pequeñas victorias. Para mí, éramos unos triunfadores porque habíamos superado los corajes, los episodios de celos y las discusiones, para vivir una vida hasta que la muerte nos separara.

PARA RESPONDER Y PENSAR:

1. ¿Qué tipo de conflictos puede traer que varios miembros la familia pertenezcan a diferentes religiones? Enuméralos y explica.

2. ¿Pueden traer los preparativos de boda conflictos entre la pareja? ¿Por qué?

3. ¿La idea de matrimonio que nos hacemos en el noviazgo es similar a la realidad del matrimonio? ¿Por qué?

Capítulo 5

LUNA DE MIEL: SE DESTAPA LA OLLA
POR CYNTHIA ROIG

"...maridos...vivid con ellas sabiamente, dando honor a la mujer como a vaso más frágil...".
—1 PEDRO 3:7

ENTRAMOS EN AQUELLA habitación de la luna de miel y los dos experimentamos lo mismo. La famosa frase "al fin solos" no nos salía de la boca. Era una mezcla de sentimientos, emociones y pensamientos que no podíamos ni tan siquiera expresar. La timidez se apoderaba de nuestras acciones por momentos. Sin embargo, la felicidad de comenzar una nueva familia nos inspiraba. Aquellas palabras pronunciadas con vivacidad por el pastor al final de la ceremonia conmocionaron nuestros corazones: "Les presento a la nueva familia Roig Martínez". Esas palabras retumbaron de tal manera que nos ilustraron claramente que de ahora en adelante, todo dependía de nosotros. Fue en aquel momento cuando la palabra "matrimonio" cayó pesada sobre mis hombros y los de Luis. ¡Un gran paso!

La pasamos muy bien en esos días y disfrutamos a cabalidad nuestra nueva condición de recién casados. Reímos, hablamos, paseamos, dormimos y comimos, todo en exceso. Disfrutamos tanto el empezar a conocernos: por la mañana, la manera de dormir, los ronquidos ¡sorpresa! Veinticuatro horas de estar juntos era adictivo. Era como si hubiera descubierto una nueva droga: mi esposo. Lo más sorprendente es que no me cansaba de verlo ni de oírlo. Mi amor hacia él iba en aumento a una escala insospechada.

PRIMEROS INCIDENTES

Llegó el momento en que empecé a extrañar a mi familia y quería por lo menos llamarlos para saber cómo se encontraban, pero Luis me lo impidió. Esa tarde, por más que le pedí, lloré y le supliqué, no accedió.

Aquellas palabras pronunciadas con vivacidad por el pastor al final de la ceremonia conmocionaron nuestros corazones: "Les presento a la nueva familia Roig Martínez".

Él me decía que estábamos de luna de miel y que era un tiempo de nosotros. No podía entenderlo. Yo no me iba a ir de donde estábamos; solo quería comunicarme. Esa tarde me quedé enojada por la insensibilidad que noté en él. Realmente se había enfurecido cuando insistí en la llamada. Ese sentimiento de impotencia y el pensamiento de llamar a mi familia me acompañó el resto de nuestro viaje. Para ese entonces todavía quedaba una semana para regresar a Puerto Rico.

Para nosotras las mujeres, una diferencia o algo

adverso, aunque parezca insignificante, hace que un día que se perfilaba maravilloso cobre un matiz gris. Damos vueltas al asunto en nuestra mente y provocamos un ambiente de tensión que aun el que no nos conoce puede percibirlo. Nosotras tenemos que aprender a salir de esos estados comatosos del egocentrismo. ¡Ay! Suena fuerte, pero así es. Debemos evitar a toda costa afectar nuestro entorno y crear tensiones. Provocar un ambiente incómodo no es nada de lo cual debamos sentirnos orgullosas. Todo lo contrario; eso denota inmadurez. La inmadurez afecta nuestro carácter y hace que nos comportemos de forma ridícula ante los demás. Una mujer madura es una mujer que se sujeta, que puede mirar al cielo en medio de las dificultades y las molestias, y dejarse caer en los brazos de Dios. Es la mujer que está dispuesta a realizar cambios en su vida y a aprender de las situaciones adversas. ¡Eso es madurez!

Durante toda nuestra vida vamos a pasar por diferentes procesos, unos más difíciles que otros, pero todos van a conseguir lo mismo: hacernos más capaces. Jamás lograremos madurar completamente, pero permitir que cada experiencia nos en-

> *La inmadurez afecta nuestro carácter y hace que nos comportemos de forma ridícula ante los demás.*

señe y realice cambios en nuestro carácter y proceder, demuestra nuestra aptitud para dejar que Dios obre en nuestro corazón.

Cuando tocamos tierra, lo primero que quería era ver

a mis padres. A mi mente vino aquella imagen de los ojos de mi madre cuando yo me iba alejando y ahora quería ver su rostro cuando me viera llegar. Llegamos a mi casa, la casa donde viví toda mi vida, mi terruño, mi hogar hasta el día de mi boda, una bola enorme se arremolinó en mi pecho. Casi no podía respirar por la emoción. Iba a ver los ojos de mi madre. Ella salió feliz, corrió hacia mí y nos fundimos en un abrazo como si hubieran pasado años sin vernos, cuando en realidad habían pasado solo dos semanas. Sus brazos cálidos, los brazos de mamá me tranquilizaron y me renovaron las fuerzas.

Me acomodé para contarles todas las experiencias del viaje y de pronto Luis me dijo que nos debíamos ir. Mi corazón dio un vuelco. Se me había olvidado que yo tenía mi propia casa y no era la de mis padres. Mi tristeza se hizo evidente y mi padre no pudo despedirse. Disimuladamente se dirigió hacia el cuarto para no volver a ver partir a su hija. Mi madre quedó parada en la marquesina, quieta, sin expresión en el rostro y yo me fui con el corazón partido en dos, primero porque me alejaba de mi hogar de toda una vida, y segundo porque me entristecía llamar hogar a otra casa.

Dejar la casa de los padres es traumático. No hay manera de entender las separaciones. Casarse es una alegría llena de procesos rápidos para los cuales uno no se prepara. Sales y entras; la vida está repleta de entradas y salidas. Salimos del vientre de la madre para entrar al mundo, luego entramos a escuela para salir hacia la universidad y de la universidad salimos para entrar al mundo profesional. Es importante enfatizar que de los 18 a los 24 años vamos a tomar las decisiones más determinantes y valiosas de nuestra vida. De esas decisiones depende que disfrutes o lamentes sus consecuencias.

EMPIEZA EL MATRIMONIO

La entrada a la etapa del matrimonio es la decisión más compleja. Comenzar a vivir con una persona aunque hayan sido novios 3, 5 ó 7 años y darte cuenta de que no la conoces completamente puede convertirse en algo aterrador. Recuerdo que entramos en nuestra casita alquilada y comenzamos a acomodar la primera compra, por cierto la más difícil. Yo no sabía ni qué comprar. No hay manera de explicar el sentimiento agudo que tuve en el corazón. Era una amalgama de raciocinios que abarrotaban la mente y hasta me empezó a doler la cabeza. Poco a poco me fui acostumbrando a mi nuevo "status". Ser la señora de alguien me daba cierta categoría de distinción. Comencé a realizar mi labor de esposa conforme a lo que el mundo y mi esposo esperaban de mí, pero de vez en cuando se salía la vieja criatura, la que tenía secretos guardados en lo profundo de su corazón. No podía entender lo que era la sumisión; era una mala palabra para mí y no quería ni que estuviera por ninguna parte dentro de mi hogar.

No sé si todas las parejas han tenido los mismos conflictos al principio, pero ajustarse a ese nuevo hogar y a las diferencias entre cada uno es algo intrigante. Yo con todo mi

> *Casarse es una alegría llena de procesos rápidos para los cuales uno no se prepara.*

equipaje y él con el suyo, y no hablo de maletas, sino de todas esas cosas sin resolver que teníamos cada uno y que ni tan siquiera habíamos compartido con el otro. Nos casamos teniendo secretos de nuestra infancia y con heridas abiertas que más adelante tornarían nuestra relación en un desastre. No sabíamos cuánto un evento traumático en la niñez podía traer tanta incomodidad entre nosotros. Habían pasado años de los sucesos que viví y todavía había una gigantesca herida emocional que amenazaba nuestra intimidad. Era imposible no traer a mi mente tan devastadores recuerdos, en momentos que debían ser los más apasionados entre mi amado y yo. Luis no entendía el porqué de mis reacciones, pero yo decidí no explicar nada.

Comenzamos a vivir el día a día sin ningún tipo de problemas. Era como vivir en un sueño; una luna de miel. Teníamos nuestros trabajos, una casa cómoda, muebles, enseres…vivíamos bien. Me disfrutaba el camino del trabajo a casa: era como cuando uno iba de pequeño a la playa, que no has llegado y ya estás feliz. Agradecía a Dios por todo lo que nos había dado. Llegaba a la casa en la tarde después de un arduo día de trabajo y comenzaba a arreglarla, a cambiar las cosas de sitio, simplemente para que Luis siempre viera algo diferente. Era agradable dar amor no tan solo con palabras o gestos, sino también con actos y sorpresas, pensando en la otra persona.

DEJA EL EGO ATRÁS Y PIENSA EN "NOSOTROS"

Eso es algo que tengo obligatoriamente que reforzar en esta parte. Cuando te casas, es importante que dejes de pensar tan solo en ti y empieces a comprender que vive contigo alguien más a quien debes hacer sentir bien en el hogar. Proverbios 18:22 dice:

"El que halla esposa halla el bien, Y alcanza la benevolencia de Jehová".

Benevolencia es indulgencia, bondad, clemencia, generosidad, en fin, podría buscarles toda la gama de sinónimos que tiene esta palabra, pero creo que estas son suficientemente explícitas para expresar lo que quiero exponer. Yo quería ser esa esposa que dice la Palabra. Ser el bien de mi esposo era mi meta, ayudarlo a alcanzar sus sueños y no ser piedra de tropiezo.

Nosotras como esposas, a veces tendemos a limitar a nuestros esposos. Tratamos de que caigan en razón criticándolos y señalándolos, como si fuera perfecto todo lo que nosotras hacemos y como si nunca nos equivocáramos. Pretendemos cambiar lo que no nos gusta de ellos y pensamos, de manera absurda, que es nuestra la gran responsabilidad de hacerlos cambiar completamente. Eso no nos toca a nosotras ni está en nuestro poder. Eso le corresponde a Dios y es Él quien tiene el poder de hacerlo. Nosotras podremos ser un factor determinante para que nuestros esposos cambien ciertas conductas que nos angustian. Incluso podemos lograr que

> *Nos casamos teniendo secretos de nuestra infancia y con heridas abiertas que más adelante tornarían nuestra relación en un desastre.*

cambien hábitos, pero jamás podremos cambiar su naturaleza. Solo Dios lo puede hacer y nosotras no nos podemos situar en el lugar de Dios intentando hacer que ellos cambien. Dios nos dio a cada uno, hombre y mujer, una identidad y un valor que nada ni nadie puede arrebatar. ¿Quieres que tu esposo cambie? ¡Ora! Mi nueva condición me obligaba a agradecer a Dios todos los días por el hombre que me había puesto en el camino. Todos los días me despertaba y lo miraba y me envolvía un amor tan grande hacia él que era indescriptible. En esos momentos sentía el cuidado y el amor de Dios derramándose sobre mí. Bendecía a mi esposo diariamente y me dedicaba a él en el hogar con tanto esmero, que yo misma temía aburrirlo con mi presencia. Su respuesta a mi cariño y cuidado era recíproca. Mi esposo era un hombre emprendedor y lleno de metas. Su dinamismo y sobre todo su pasión hacia las cosas de Dios me hacían admirarlo y amarlo más profundamente cada vez.

PARA RESPONDER Y PENSAR:

1. ¿Qué tipo de problemas podría confrontar una pareja recién casada en la luna de miel? ¿Podrían estas situaciones acrecentarse en el matrimonio? Explica.

2. ¿Por qué nuestro carácter se ve afectado por causa de la inmadurez? ¿Por qué están tan relacionados?

3. ¿En qué manera puede afectar el apego a los padres en el comienzo de un matrimonio? ¿Cómo piensas que es el ajuste en la convivencia de una pareja? Explica el proceso.

4. ¿De qué manera puede alcanzar un hombre la benevolencia de Jehová a través de su esposa? ¿Qué tipo de beneficios trae una esposa a su esposo? Enuméralos.

Capítulo 6

¡LA TRAMPA!

POR CYNTHIA ROIG

"La bendición de Jehová es la que enriquece,
Y no añade tristeza con ella".

—PROVERBIOS 10:22

NACIÓ NUESTRA PEQUEÑA. Nunca se dejó ver en el sonograma y no sabíamos que iba a ser niña. Todo lo habíamos comprado neutral, verde claro o amarillo. Teníamos decidido que se llamaría Evan Enrique si era varón, pero no teníamos el nombre para una niña. Luego que nació, cuando vimos su rostro, decidimos que su nombre sería Paula Camila, que significa "pequeña que agrada a Dios".

¡QUÉ MOMENTOS TAN ANGUSTIOSOS!

En el momento que pusieron a esa niñita frente a mí, todo el dolor que había sentido se esfumó, la presión alta ya ni me importaba y se desvanecieron el ruido de las máquinas y las conversaciones de enfermeras y doctores. De pronto, Luis y yo nos quedamos mirando aquella personita chiquitita. Pesó solo 4 libras y midió 19 pulgadas. ¡Ni la sentía! Ella trataba de llorar con fuerza, pero apenas le salían unos gemidos débiles. Era tan hermosa que no podía dejar de mirarla. Luis estaba tan emocionado que lo único que lograba decir era: "Gracias, Dios".

De pronto, se la tuvieron que llevar porque había nacido prematura y tenía problemas con sus pulmones. Desde ese preciso momento comenzó para nosotros una temporada muy difícil. Los médicos no nos aseguraban la vida de nuestra hijita. Nuestros corazones se fragmentaron inexorablemente y vivíamos el día a día zozobrando, pero con la fe puesta en Dios de que solo Él podría salvarla. Aún así nos sentíamos imposibilitados. La podíamos visitar media hora, dos veces al día, pero no era suficiente para nosotros. No dormíamos ni comíamos. Solo nos quedaba derramarnos en Dios para que salvara a nuestra hija, la que nos dio el privilegio de convertirnos en padres.

La Palabra de Dios, en el Salmo 127:3 (NVI) nos dice:

"Los hijos son una herencia del Señor; los frutos del vientre son una recompensa".

Ese sentimiento era inexplicable. Una vida salió de mi cuerpo, fruto de nuestro amor. Sus manitas frágiles y su carita pequeñita eran una hermosa herencia que Dios permitía que tuviéramos. Esa primera noche, luego de ir a verla a la Unidad Neonatal del hospital, le clamé a Dios que cuidara de ella. Me partió el corazón verla metida en una incubadora, con una luz prendida sobre ella en todo momento y su cuerpo lastimado por las agujas. No podía tocarla ni hablarle cerquita para por lo menos decirle que todo estaría bien. No quería que se sintiera sola. Me sentía completamente impotente; no podía hacer nada. Ella ni siquiera podía oír las voces a las que estaba acostumbrada cuando estaba en mi vientre. "Esperar" era la palabra del médico. No tenía un aliciente que me ayudara a dormir mejor. Tenía que irme nuevamente a mi casa y pasar la noche entera sin saber si al otro día todavía era madre.

Yo estaba confiada en que Dios no iba a permitir que nada le pasara a nuestra bebecita. Cuando le preguntábamos a los médicos si estaba mejorando, nos decían con sequedad: "Si estuviera mejorando, no estaría aquí". Ellos nos decían que había pocas probabilidades, pero Dios sabía que Paula tenía propósito. Luego de 15 días de suplicio y abatimiento, por fin la dieron de alta. Había que estar con ella un mes dentro del hogar para no exponerla al ambiente ni a personas que pudieran estar con alguna enfermedad. Eso no importaba. Lo que era relevante era que ya estaba en casa junto a papá y mamá, y no íbamos a dejar que nada le ocurriera.

Durante el primer año de vida de Paula, tuvo algunas complicaciones y estuvo en el hospital varias veces. Adicional a eso, habíamos cambiado de trabajo y tuvimos serios inconvenientes para cumplir con nuestras deudas. De pronto, todo se volvió complicado y no sabíamos cómo salir del atolladero. Nos concentramos en la salud de nuestra hija y en adquirir cosas para vivir mejor, pero descuidamos nuestras finanzas al punto de que estábamos atrasados en todas las cuentas que teníamos.

UNA SOLUCIÓN QUE NOS APRISIONÓ

Una noche conversando con Luis, decidimos que había que buscar la forma de conseguir más dinero para el hogar, para no vernos afectados y salir de la situación en la que nos encontrábamos. Llegamos al acuerdo de que Luis conseguiría un segundo empleo; eso ayudaría a que estuviéramos más tranquilos. Esa solución resultó ser una trampa.

Al principio todo estaba saliendo bien, era una nueva experiencia y la estábamos enfrentando juntos. Salíamos a la misma hora en la mañana, pero en la tarde, cuando yo llegaba de recoger a Paula en el cuido, ya Luis iba saliendo para su segundo empleo. Nos saludábamos de forma casi insignificante y seguíamos cada cual con lo suyo. Cuando Luis llegaba en la noche, yo estaba muy cansada, lo saludaba y me iba a dormir. Esa fue nuestra rutina por mucho tiempo. Nos convertimos en dos personas independientes. Yo me ocupaba de Paula prácticamente sola porque Luis no tenía el tiempo. ¡Éramos "*roommates*" (compañeros de cuarto)!

Cuando llegaban los fines de semana, estábamos tan cansados que lo único que hacíamos era descansar el sábado en la mañana y participar en la tarde en un ministerio interdenominacional cristiano al que pertenecíamos. Los domingos íbamos a la iglesia y llegábamos juntos, pero casi no hablábamos porque nos manteníamos muy ocupados en los ministerios. Nuestro tiempo como familia se desvaneció y no nos preocupábamos por recuperarlo. Mientras más personas tuviéramos alrededor, era mejor. Así era que pensábamos que éramos estables como matrimonio. Por cierto, muchas personas en esos momentos nos manifestaban que para ellos nosotros éramos una pareja modelo. Lo inverosímil era que nosotros nos lo creíamos.

Recuerdo aquel tiempo y se entristece mi corazón. Ya no había manera de cambiar nuestro comportamiento. Con una hija que fue un milagro de vida y teniendo a Dios en el corazón era más que suficiente para que hubiera sido una época feliz. Lo que no funcionó en nosotros en aquel momento era que no nos teníamos en consideración el uno al otro. Una decisión que tomamos para ayudarnos abrió entre nosotros un amplio abismo difícil de cruzar.

Anteriormente les dije que la solución de conseguir otro trabajo era una trampa. Nosotros, como personas que amamos a Dios, debemos estar pendientes de las

> *Nuestro tiempo como familia se desvaneció y no nos preocupábamos por recuperarlo.*

trampas que el enemigo pone en el camino para que no lleguemos a la meta o para dividir las relaciones. Al enemigo no le interesa llegar o no a la meta; lo que no quiere es que tú llegues a tus metas. Es por eso que coloca situaciones en momentos específicos y determinantes de tu vida, con el simple y único propósito de confundirte y desanimarte. Él supo cómo se afectaría nuestra relación con Dios.

Nosotros, al poner otras cosas como primordiales,

nos alejamos de Dios y de nuestro cónyuge. Un distanciamiento se convierte en un abismo y una pequeña fisura en una enorme y profunda hendidura difícil de cerrar. La problemática redunda en que se obtiene como resultado la inevitable confusión de sentimientos, la desconfianza y la falta de propósito. Ya no entendíamos, ni mucho menos sabíamos hacia dónde dirigirnos. Estábamos ocupando nuestras vidas con tantas cosas que no prestábamos atención a que todo se había desviado. Ya nuestras metas eran diferentes; para mí era atender a la bebé y para Luis era conseguir más dinero. Nos enfocamos en cosas distintas y se nos olvidó que era para un mismo fin: nuestra familia. A raíz de esto, comenzamos a desconfiar uno del otro, las llamadas de ambos estaban plagadas de preguntas capciosas y muchas veces mal intencionadas, para ver si alguno admitía o confesaba algo. Parecíamos investigadores privados de una de esas series de televisión que interrogan acusando, sin saber si la persona es culpable o no.

Cada vez que pensaba en mi esposo, me daba angustia y una ansiedad que me provocaba abstenerme de comer porque hacerlo me ocasionaba náuseas. Ya la manera en que vivíamos me estaba enfermando y debilitando físicamente. Había un distanciamiento evidente en nosotros y no encontrábamos la manera de repararlo porque la rutina nos consumió y nuestros propios anhelos se distorsionaron. No podíamos siquiera sentarnos a orar porque no había tiempo ni para orar ni para muchas cosas que antes nos unían.

Pasa tu vida por el filtro de Dios

Cuando tenemos a Dios como centro de nuestras vidas, es casi imposible que nos confundamos. Podremos tener dudas, pero nuestra confianza en Dios nos dará la fortaleza para superar cualquier circunstancia adversa que quiera desenfocarnos. Solo Dios puede brindarnos esperanza cuando la desesperación nos rodea. Solo Dios puede darnos paz en medio del imponente alboroto del viento recio y tormentoso. Solo Dios puede darnos alivio cuando las heridas amenazan con mantenerse abiertas. No hay varias opciones; solo hay una opción: Dios. Debemos pasar la vida por un filtro y sacar de ella todo aquello que atenta contra nosotros. Eso implica morir al yo: de eso se trata. Es la única manera en que dejaremos a Dios operar dentro de nosotros.

Por mucho tiempo, estuve luchando para que Dios no obrara en mi vida. Quería hacer lo bueno, pero se interponían mi carácter, mi personalidad y mi razón, que era la peor. Fue en esa lucha que me di cuenta de las muchas cosas

> *Debemos pasar la vida por un filtro y sacar de ella todo aquello que atenta contra nosotros.*

que había en mi corazón que yo no había perdonado. Heridas del pasado, profundas y enormes me traspasaban como una viga de hierro. Aunque había declarado con mi boca que Jesús entrara en mi vida, yo lo limitaba. No dejaba que entrara a ciertas áreas de mi vida que no me sentía preparada para tocar porque sabía que me lastimaría sacarlas. Estaban muy arraigadas en mí, como la orquídea se aferra a un árbol.

Todo iba en nuestra contra sin misericordia, arremetiendo fuertemente a nuestras emociones más profundas. Sanar heridas toma tiempo. La única manera de cerrarlas sin que dejen huellas es permitiéndole la entrada al Señor. La Biblia nos habla claro en Jeremías 30:17 diciendo:

"Mas yo haré venir sanidad para ti, y sanaré tus heridas, dice Jehová".

Cuando algo es sanado deja de doler. La congoja y el daño desaparecen para dar lugar a la restauración y a la sabiduría que adquirimos por haber pasado por la experiencia. Es entonces que sucede algo grandioso: las heridas sanadas se convierten en herramientas. Eso fue lo que nos sucedió: un mal momento, una crisis. La manera en que nos levantamos se transformó en elementos de bendición. Sin embargo, la maldición se torna en bendición en la medida que dejamos que Dios intervenga. De momento, el destrozo se detiene, las palabras se refrenan y el ruido se enmudece para dar lugar a un período de silencio interior.

> *La maldición se torna en bendición en la medida que dejamos que Dios intervenga.*

Para responder y pensar:

1. Explica en tus propias palabras lo que significa para ti el Salmo 127:3 (NTV).

"Los hijos son un regalo del Señor; son una recompensa de su parte".

¿Qué son los hijos y por qué debemos cuidarlos tan bien? ¿Cuál es nuestra responsabilidad con ellos?

2. ¿Qué tipos de trampas pudieras identificar en tu matrimonio o en tu noviazgo que les podrían traer conflictos? ¿Por qué crees que sabotearían tu estabilidad matrimonial y cómo lo resolverías?

3. ¿Qué crees que es lo que dificulta la sanidad de las personas? ¿Por qué crees que tardan en expresar el dolor?

4. ¿En qué momento nos podemos dar cuenta de que algo está pasando en tu cónyuge?

Capítulo 7

VIOLENCIA GENERA VIOLENCIA
por Cynthia Roig

"Esposas, sométanse a sus esposos, como
conviene en el Señor. Esposos, amen a sus
esposas y no sean duros con ellas".
—COLOSENSES 3:18-19, NVI

COLOSENSES 3:18-19 (NVI) nos dice de la siguiente manera:

"Esposas, sométanse a sus esposos, como conviene en el Señor. Esposos, amen a sus esposas y no sean duros con ellas".

Esas son normas prácticas para tener un matrimonio establecido en obediencia a la Palabra de Dios. Es un orden bíblico y cuando lo seguimos, todo fluye en el hogar de una manera correcta y ordenada. Si violentamos la Palabra de Dios y no obedecemos sus enseñanzas, nuestra vida puede volverse un caos.

¿QUÉ NOS PASÓ?

¿Qué es un caos? El caos es una confusión y un desorden. Cuando las personas viven en un caos, todo se ve oscuro porque el pecado los cubre impidiendo que los toque la luz

73

que emana del Señor. Lo que hay en sus corazones es un reguero espiritual. Todo está desordenado: sentimientos, emociones, creencias, en fin... todo.

Cuando Luis consiguió el segundo empleo, jamás pensamos que algo que creíamos que iba ser una bendición se iba a convertir en una maldición. Empezamos a carecer de tiempo como familia. Invertíamos el tiempo en el trabajo o con otras personas. Ya no hablábamos; solo nos informábamos de ciertas cosas relevantes en el hogar. Éramos dos adultos que tuvieron un hijo y compartían el mismo techo, nada más.

Mi corazón estaba carente de amor. Me hacían falta sus palabras de aliento y cariño cuando pasaba por algún momento difícil en el trabajo o con nuestra hija. Continuaba mi día esperando que cuando nos encontráramos en la tarde o en la noche, fuera diferente. Quería sentirme segura, pero sobre todo amada, algo que no conseguía. Comencé a sentir unos celos que me ahogaban. Mis pensamientos me aturdían al punto de imaginarme cosas. Sentía que lo perdía. Notaba que cada día mi esposo llegaba más tarde. Cuando llegaba a la casa, estaba cansado, no quería hablar, no me abrazaba. Simplemente se dormía y ya. Otros días llegaba y comenzaba a criticar la casa, diciendo que estaba regada y preguntando si yo hacía algo

> *Cuando Luis consiguió el segundo empleo, jamás pensamos que algo que creíamos que iba ser una bendición se iba a convertir en una maldición.*

desde que llegaba del trabajo. Si la comida no estaba caliente, se molestaba y volvía para la calle a comer, en vez de esperar a que se la calentara.

Soporté muchos meses tratando de cambiar cada día las cosas que él me señalaba, pero todo esfuerzo por complacerlo parecía en vano. Cuando escuchaba las llaves en la entrada de la puerta, mi corazón comenzaba a palpitar fuertemente porque no sabía qué encontraría él fuera de sitio ese día. Yo tenía la casa recogida, pero siempre había algo. Hasta los olores eran un problema.

Todo el tiempo trataba de mantenerme callada, pero cualesquiera que fueran mis acciones, él las tomaba a mal y se irritaba. Aún así, quería sorprenderlo cada día, resolviendo el señalamiento del día anterior. Entonces mi mente comenzaba a correr y mis pensamientos me aturdían al punto de molestarme por cosas que no sabía si eran ciertas. Pensaba muchas veces si Luis me estaba siendo infiel. En ocasiones quería sorprenderlo en el trabajo, pero la realidad es que cuando iba, lo veía todo normal. De todas maneras, mi mente no dejaba de pensar.

Quería salir de muchas dudas, pero según iban pasando las horas y llegaba la noche, mi corazón comenzaba a palpitar como un caballo salvaje. Me dolía el pecho de lo fuerte que bombeaba. Un día quise sentarme a hablar con él, algo que intentaba hacer, pero nunca lograba. Ya tenía preparada una lista de cosas que quería decirle para estar clara y tranquila. El problema fue que se lo expresé de la peor manera.

Aquel día me cansé de esperar. No soportaba la angustia de vivir otro día en el aparente matrimonio que construimos y decidí dejárselo saber. Mis palabras salieron de mi boca como dardos llenos de veneno y lo peor es que iban directo a su corazón. Desde la primera palabra hasta la última estaban impregnadas de coraje, dolor, desesperación, ira, rencor, angustia, impotencia y miseria. Definitivamente, llamé su atención. Por más que él no quería oír todo lo que estaba diciendo, yo no podía parar. Estaba completamente fuera de control. Despotriqué todo aquello, dejé a Luis con la palabra en la boca y me encerré en el cuarto. No lo dejé hablar. Era la primera vez que le hablaba de esa manera.

Me dije a mí misma: "Ahora va a entender cómo me siento y va a cambiar". ¡Error! Al otro día, me levanté esperanzada. Abrí la puerta esperando encontrarlo frente a la puerta para venir a abrazarme, pero no fue así. Ya se había ido. Al parecer, mi furia de la noche anterior agotó tanto mis fuerzas, que estaba profundamente dormida cuando él entró al cuarto en la mañana para cambiarse e irse a trabajar. No verlo fue insultante para mí. "¿Cómo se atrevió a irse sin mediar palabra?", pensé.

Noche tras noche, según se acercaba la hora en que él llegaba a la casa, yo iba preparando en mi mente todo lo que le diría. Los insultos, el juicio, la burla eran parte de mi repertorio. ¿Qué mujer de Proverbios 14:1 crees que era? Quisiera recordarte este versículo:

"La mujer sabia edifica su casa; mas la necia con sus manos la derriba".

Si pensaste que era como la necia, tienes razón. Así era: una mujer necia que estaba derribando no solamente mi casa, sino también el corazón de un hombre. También me estaba derribando ante la mirada de mi hija que aunque pequeña, escuchaba cosas que no concordaban en nada con la paz que experimentó dentro de mi vientre. Luis llegaba a la casa con la tensión de lo que le esperaría. Tan pronto abría la puerta, se encontraba con una férrea cultura de maldición de parte de su esposa. La mujer que debía llamarse idónea, la que se suponía que lo apoyara en todos sus proyectos, la que debía recibirlo en el hogar luego de un día agotador, con abrazos, besos y palabras de gratitud por su esfuerzo, esa mujer no vivía en esa casa. Vivía la que lo pisoteaba, la que lo juzgaba duramente obviando sus ojos cansados, la que señalaba de forma cruda e inmisericorde sus fallas y debilidades. Me convertí en una mujer insoportable.

Muchos años después, puedo recordar en sus ojos aquella primera noche de lamentos sombríos y enérgicos reclamos. Su mirada era de incredulidad, como si estuviera viendo justo frente a él la feroz erupción de un volcán. No salían palabras de su boca; yo solo veía su mirada. Jamás olvidaré que esa noche inyecté a su corazón la aguja más dolorosa: la falta de respeto.

Muy pronto mis quejas se convirtieron también en las de él. Yo le decía algo y él me contestaba con algo peor. No había quién ganara una conversación. Nos descontrolábamos de tal manera que aumentábamos el tono de voz y terminábamos afónicos gracias a la discusión. Al final, no sabíamos cuál había sido la razón por la que comenzamos el desacuerdo. Esto era así a diario. Nada de palabras de aliento y mucho menos de amor; solo quejas, críticas y faltas de respeto. Así estuvimos por mucho tiempo. Creo que nos preparábamos para el combate como un boxeador se prepara para su pelea estelar. La única diferencia es que en nuestras peleas no había campana que nos callara la boca ni árbitro. Los asaltos eran interminables y nos daban el tiempo de destruirnos. Había ocasiones en que yo sabía cómo iba a ser la noche con tan solo ver su rostro al entrar. Él estaba cansándose de mí y yo no sabía cómo volver hacia atrás. Quería que todo volviera a la normalidad, pero me sentía impotente, sin fuerzas. Me sentía despojada de herramientas. En realidad, no tenía ninguna para revertir todo lo que había dicho. Era muy orgullosa para pedir perdón y él era igual. Aunque no quería, siempre respondía y él más se enfurecía. Nos estábamos hundiendo en las aguas profundas; no teníamos en dónde apoyarnos. El desastre se acercaba. Nosotros no sabíamos hacia dónde nos llevaría toda esta situación tan amarga. Nos llevó a una amargura mucho peor.

> *Creo que nos preparábamos para el combate como un boxeador se prepara para su pelea estelar.*

ENTRE PALABRAS Y GOLPES

Luego de un tiempo de escuchar diariamente quejas, gritos e insultos entre los dos, de pronto callé mi boca de forma abrupta. Uno de esos días en que estábamos discutiendo, todo se salió de control, traspasamos los límites y nos dijimos las palabras que más pueden lacerar el corazón. Nos gritamos como nunca y cada vez nos acercábamos más como retando uno al otro. De pronto, un golpe seco selló súbitamente las flechas venenosas de las palabras. El dolor en mi boca no se comparaba con el dolor que había en mi corazón. Jamás pensé que mi esposo levantara su mano contra mí. Lo miré desconcertada y con furia, pero me encontré con una mirada de abatimiento y de frustración que provenía de lo profundo de su corazón. Hubo un silencio; un prolongado silencio que solo él rompió con las palabras "no lo quise hacer". Esas palabras me devolvieron el control y lo hice sentir muy culpable.

Me levanté y me alejé de él lo más que pude. Ese control duró poco tiempo porque ya él tenía menos tolerancia a mis palabras y discutíamos fuertemente, de parte y parte. No había manera de terminar bien una conversación. De hecho, no había conversaciones coherentes entre él y yo. Todo era gritos, insultos, palabras irónicas. Lo peor era que nuestras grandes discusiones culminaban con un golpe o empujón. El dolor y el aturdimiento se tenían que meter para poder cerrar un punto en desacuerdo. Todos los días había golpes, dolor, heridas. De esa manera estuvimos durante dos años, lastimándonos el cuerpo y el alma. Violencia genera violencia; no hay otra ecuación.

"Los que acumulan en sus fortalezas el fruto de la violencia y el saqueo no saben actuar con rectitud, afirma el Señor".

—Amós 3:10, NVI

La violencia nunca se va a atenuar, no va a menguar. Todo lo contrario, va a aumentar creando una bola inmensa de nieve que arrasa con lo que se encuentra de frente. Violencia significa la acción de utilizar la fuerza y la intimidación para conseguir algo. En realidad, no se consigue nada; solo dolor, humillación y miseria. El que practica la violencia camina de forma desobediente a la Palabra de Dios. No debemos violar la ley de Dios. Santiago 2:8 (NTV) nos dice:

De pronto, un golpe seco selló súbitamente las flechas venenosas de las palabras.

> "Por supuesto, hacen bien cuando obedecen la ley suprema tal como aparece en las Escrituras: «Ama a tu prójimo como a ti mismo»".

Luego de dos años críticos, decidí sentarme y dialogar, pero ya había mucho dolor entre ambos. Nos habíamos faltado tanto el respeto y aunque nos sentamos a hablar, nuestras defensas estaban elevadas y listas para batallar y agredir. Recuerdo esa conversación claramente porque comencé preguntándole si me amaba. Su respuesta fue el golpe que más dolió de todos los golpes recibidos en todo ese tiempo. Él contestó: "No te amo como antes".

Esas palabras taladraron mis emociones y se hicieron eco en mi corazón, tratando de destrozar lo que quedaba de amor por mi esposo. Me levanté, pero no con agresividad, sino como cuando un soldado pierde la guerra. Ya no quedaba en mi interior ninguna razón por la cual debiera pelear. Mi esposo me había dicho que no me amaba como antes. Me sentí fea, sin fuerzas. A ninguna mujer le agrada que el hombre al que ama le diga esas palabras. La autoestima baja a unos niveles increíbles, provocando enfermedad en el alma. ¿Qué iba a hacer ahora? ¿Qué pasaría en nuestro matrimonio? Esas palabras me desarmaron completamente y me dejaron impotente. Sentía que estaba cayendo en un vacío que no tenía fondo. Luis me había desmantelado.

Cuando estaba de camino al cuarto para desahogar todo mi dolor, lo miré a los ojos para ver si en su mirada descubría algo de amor, pero fue lo peor que hice porque lo que me dijo fue lo que descubrí. En ese momento, en medio

> *La violencia nunca se va a atenuar, no va a menguar. Todo lo contrario, va a aumentar.*

del aturdimiento que provocan la tristeza y el coraje, le dije que se tenía que ir de la casa, pero llegó el segundo golpe más fuerte: accedió y se fue. Lo vi preparar las maletas, poner todas sus cosas en varios bultos. Se estaba llevando lo que podía y en ningún momento me miró. Quería salir lo más pronto posible de la casa y lo hizo. Mientras lo miraba caminar hacia la puerta tuve el impulso de detenerlo y pedirle perdón por lo que había dicho y hecho por esos dos años plagados de violencia. Ya no me importaba si me había maltratado, si me había criticado o si me insultaba, pero algo no dejaba que me moviera ni que mostrara nada de debilidad. Lo dejé ir.

Esa noche no encontraba la manera de conciliar el sueño. No me había preparado para continuar mi rumbo sola con mi bebé. Esa noche comencé a pensar la manera en cómo había pasado todo; las palabras que declaramos, los golpes, las gotas de sangre, los dolores ¡todo! Por momentos me quebrantaba, pero casi de inmediato me reconfortaba yo misma y me enfurecía con él nuevamente. Así estuve varios días, pero continué con mi rutina sin verlo, sin saber de él ni qué hacía. Poco a poco me fui acostumbrando a resolver las cosas por mí misma.

A pesar de todo, delante de las personas dejaba ver que todo estaba bien en nuestro hogar. Me ponía las famosas máscaras y fingía mejor que una actriz. Nadie nunca sospechó nada. Nadie sabía que en mi casa vivimos en guerra durante dos años. Nadie sabía que en mi hogar había violencia y maltrato. Nadie sabía que dormíamos separados desde hacía mucho tiempo. Mucho menos sabían que había una ruptura y que era irremediable. Al escribir estas líneas, me doy cuenta que siempre albergué la esperanza de ver a Luis entrando por la puerta, diciéndome que dejáramos todo atrás y comenzáramos de nuevo. Sin embargo, en aquel momento, no fue así. Luis se fue a vivir con su primo en un apartamento cerca del nuestro. En ese tiempo, solo nos comunicamos por teléfono en varias ocasiones. Fueron muy pocas las veces que lo vi. En un momento dado hice el intento de que volviera a la casa, pero me rechazó contundentemente.

Una mujer que es rechazada por el hombre que ama experimenta una sensación dolorosa, como si le hubieran enterrado un puñal directo

> *El que practica la violencia camina de forma desobediente a la Palabra de Dios.*

al corazón. El rechazo duele y causa unas heridas que pueden originar inestabilidad, fobias, depresión, angustia y autorechazo. Es imposible evitar el rechazo; en algún momento de la vida pasaremos por eso. Todos le tenemos miedo; a nadie le gusta el rechazo emocional porque debilita el alma, es una negación de amor e implica falta de aprobación.

Las necesidades básicas del ser humano se satisfacen en gran manera por medio del amor. Este lo hace sentir seguro y estable emocionalmente. Sin embargo, el rechazo hace infeliz al individuo porque no está recibiendo amor, seguridad, aceptación, identidad ni reconocimiento. La persona rechazada puede tener varias reacciones:

- Comportamiento rebelde
- Se siente culpable con respecto a otros
- Expresa amargura hacia otros y hacia ella misma
- Está temerosa
- Expresa que no hay esperanza
- Se ve a sí misma inferior a los demás
- Intenta ejercer control
- Le gusta llamar la atención
- Tiene sentimientos continuos de autocompasión; se siente víctima
- Busca formas equivocadas de escapismo
- Aparenta falsa bondad

Estas reacciones pueden dañar irremediablemente sus emociones y hacerla sentir oprimida espiritualmente.

De esa manera me sentía: completamente desorientada en la vida, llena de temores, angustiada todo el tiempo y deprimida. Todo mi mundo se vino abajo y lo que me quedaba era mi niñita hermosa, la única que me sacaba una sonrisa. Era la que me ayudaba a motivarme para seguir viviendo y luchando. Ella se convirtió en mi fortaleza, aún con lo mal que me sentía con la carencia del amor de Luis.

EL RECHAZO PROVOCA LA DERROTA

Luego de tres meses de vernos de forma esporádica, Luis me pidió entrar a la casa a recoger lo que le quedaba de ropa y unos zapatos. Le dije que viniera un sábado para que viera a nuestra hija porque ella no lo había visto en todo ese tiempo. Él ya había entrado en otras ocasiones, pero nosotras no estábamos. Me pareció curioso que en esta ocasión llamara para pedir entrar. Me entristeció oírlo tranquilo, como si nada hubiera pasado. De la misma manera le respondí, con tranquilidad, y le permití buscar lo que necesitaba. Esa tarde llegó y cuando vio la nena, comenzó a intentar entretenerla y darle besos. Cuando la cargó y la puso sobre su regazo, Paula Camila comenzó a llorar desesperada con sus bracitos estiraditos para que mamá la tomara en brazos. Luis, sorprendido por la reacción de la nena, me preguntó qué le pasaba y le respondí con toda la intención de hacerle daño: "¡Ella no sabe que tú eres su papá!".

Ante mis ojos vi lo inesperado: vi a un hombre abatido,

completamente derrotado. Eso era lo que yo quería conseguir por mucho tiempo y por fin lo había logrado. Lo vi llorar completamente devastado por el dolor. El panorama que había querido ver frente a mis ojos ya estaba sucediendo. ¿Pero saben qué? No me agradó. Sentí una compasión tan profunda por mi aún esposo que me hizo una grieta en el alma. En ese momento experimenté a Dios rodeándome con su amor. Mi intención era recogerlo, abrazarlo, no soltarlo jamás, pero algo me lo impedía. En esa lucha me encontraba cuando de pronto mi esposo levantó su mirada. Llorando, con su voz quebrantada y como pudo, me preguntó desde lo más profundo de su corazón: "¿Qué tengo que hacer para recuperar a mi familia?". Mi corazón dio un vuelco, no quería contestar cualquier cosa; me había tomado desprevenida. En ese instante, el Espíritu Santo me envolvió como dictándome exactamente lo que tenía que contestar y le respondí: "¡Tenemos que buscar ayuda!".

"Tenemos que buscar ayuda" implica que los dos somos responsables. Él vio que yo me estaba incluyendo como causante de nuestros problemas. En todo matrimonio los problemas son de dos, pero nuestras pasiones egoístas nos hacen liberarnos de culpas y echarlas sobre otros. En esta ocasión, si yo hubiera dicho: "¡Tú tienes que buscar ayuda!", quizás hubiera sido la última vez que lo hubiera visto. Incluirme en el problema como parte también de

> *¿Qué tengo que hacer para recuperar a mi familia? ¡Tenemos que buscar ayuda!*

la solución dio pie a que Luis aceptara y comenzáramos nuestro proceso de restauración. Dios tomó control de la situación y nos hizo buscar ayuda. Cambiar nuestra manera de actuar el uno hacia el otro tomó tiempo, pero cuando se lucha por el amor, se alcanza la victoria. Nos pedimos perdón, Dios nos liberó y entonces nos dimos cuenta de lo aprisionados que habíamos estado. La ira, el coraje, el rencor, los celos, los golpes, todas esas cosas se habían convertido en barrotes de una prisión que nosotros mismos construimos.

Para responder y pensar:

1. ¿Cuáles de estas herramientas necesita tu matrimonio hoy?

2. ¿Cuán importante es para ti el rendir cuentas a un matrimonio maduro?

3. ¿Qué ruta lleva tu matrimonio?

Capítulo 8

LA HOMBRÍA SOBRE LA ARENA
POR LUIS ROIG

*"El pecado te puede llevar a lugares
a donde jamás pensabas llegar"*.[1]
—DR. ED COLE
(FUNDADOR, *CHRISTIAN MEN'S NETWORK*)

LA PALABRA DE Dios nos relata una historia sumamente interesante que se encuentra en Mateo 7:24-27 (NVI):

"Por tanto, todo el que me oye estas palabras y las pone en práctica es como un hombre prudente que construyó su casa sobre la roca. Cayeron las lluvias, crecieron los ríos, y soplaron los vientos y azotaron aquella casa; con todo, la casa no se derrumbó porque estaba cimentada sobre la roca. Pero todo el que me oye estas palabras y no las pone en práctica es como un hombre insensato que construyó su casa sobre la arena. Cayeron las lluvias, crecieron los ríos, y soplaron los vientos y azotaron aquella casa, y ésta se derrumbó, y grande fue su ruina".

MI FUNDAMENTO ERA EL EQUIVOCADO

Enfrentando ese cuadro tan tétrico en mi vida y viendo cómo mi matrimonio y mi familia se estaban destruyendo, me pregunté: "¿Cómo pude caer tan bajo?". La respuesta era muy sencilla, pero desafiante. El fundamento de mi hombría era el incorrecto. La palabra fundamento significa "principio y cimiento en que estriba y sobre el que se apoya un edificio u otra cosa". Este pasaje bíblico lleva a cada hombre a preguntarse: ¿Dónde está el fundamento de mi hombría? ¿Sobre la arena o sobre la roca?

Lo interesante de este relato es que ambos hombres escucharon las mismas instrucciones, pero solo uno las puso en práctica. Por consiguiente, los resultados van a ser diferentes. Para uno, el fundamento sobre la roca hizo que su casa resistiera la tempestad. Para el otro, grande fue la ruina.

En un momento de mi vida, mi hombría estaba fundamentada sobre la arena. ¿Qué implica tener la hombría sobre la arena? Primeramente, permíteme compartir esta información. La arena tiene unas cualidades muy reveladoras. La arena es moldeable, flexible, es transportada por el viento, pero la más intrigante de todas, es que la arena es roca desintegrada. O sea, para que la arena llegue a ser arena, primero tuvo que haber sido roca. Así que mi hombría fue desintegrándose poco a poco, de ser roca a convertirse en arena.

¿QUÉ SIMILITUDES HABÍA ENTRE MI HOMBRÍA Y LA ARENA?

Mi hombría estaba fundamentada sobre la arena porque yo pensaba que tenía la capacidad de moldear y flexibilizar a mi manera el concepto de hombría. El Dr. Ed Cole expresó una poderosa verdad: "Eres varón por nacimiento, hombre por decisión".[2] Jamás yo iba a poder vivir a la altura de aquello a lo que no quería comprometerme. Es que ser un verdadero hombre, según los principios de la Palabra de Dios, implica un gran compromiso.

Cuando vamos a la playa, llevamos nuestra toalla, la colocamos en la arena y nos acostamos sobre ella. Luego de varios minutos disfrutando del candente sol, nos levantamos, tomamos nuestra toalla y nos fijamos que la arena sobre la cual estábamos acostados tomó la forma del cuerpo. ¿Por qué sucede esto? Porque la arena cede al peso de mi cuerpo y no brinda resistencia alguna. En mi matrimonio, yo me comportaba como el hombre que pensaba que mi esposa era la arena sobre la cual yo ponía la toalla del maltrato, provocando que ella simple y sencillamente se amoldara, cediera, no brindara resistencia y ocultara con esa toalla la verdad del abuso que recibía.

Mi hombría estaba fundamentada sobre la arena porque me dejaba llevar por el viento de los conceptos machistas, maltratantes y prepotentes de la cultura. Mi hombría era transportada por el viento

> *"Eres varón por nacimiento, hombre por decisión".*

porque no tenía el carácter suficiente para permanecer

firme ante las tentaciones de la vida. Como hombre, yo era el pasajero sentado en el vehículo de las decisiones de otro. "Y es que cuando no tenemos un sistema de pensamiento organizado, estamos a merced del que lo tiene", dijo Dr. Ed Cole.[3] Lo que provocó que mi hombría se desintegrara fue el querer ajustar a mi esposa a mis deseos carnales y pasiones desordenadas, y no a entender que yo era enteramente responsable de mis actos.

Durante el tiempo que estuve viviendo este patrón de maltrato y violencia doméstica en el hogar, mi vida se sumergió en los peores pozos del pecado y la depravación moral. Con la excusa de tener que mantenerme en forma por mi profesión en el Cuerpo de Bomberos de Puerto Rico, hice de mi cuerpo un dios y comencé a asistir al gimnasio seis días a la semana, en ocasiones hasta dos veces por día. Todo era una egolatría, un culto al yo. Todo giraba en torno a las apariencias y nada era real.

En medio de esta debacle tan grande, para agosto del año 1999 surgió la idea de unos compañeros bomberos de realizar el primer calendario a beneficio de la Unidad de Quemados del principal centro médico del país. En medio de esta insensibilidad emocional y espiritual que producía mi obstinación por el pecado,

> *Lo que provocó que mi hombría se desintegrara fue el querer ajustar a mi esposa a mis deseos carnales y pasiones desordenadas, y no a entender que yo era enteramente responsable de mis actos.*

acepté la invitación. Ahora entiendo las primeras palabras de Pablo en Efesios 4:30 (NTV):

"No entristezcan al Espíritu Santo de Dios con la forma en que viven…".

Esto provocó que las pasiones desordenadas tomaran el control de mi vida. La autosatisfacción era la orden del día y todo giraba en torno a mi persona, no importando el precio que costara, incluyendo romper el pacto que hice con mi amada esposa en el altar delante de Dios.

En medio de mi preparación para las fotos del calendario, por un corto tiempo comencé a utilizar drogas para mejorar el rendimiento (*performance-enhancing drugs*). Esto desató en mí una sensación de poder y de fuerza incontrolables. Para el mundo de las "cámaras, ¡acción!", lo importante es cómo te ves y no cómo eres. Comenzamos a realizar giras promocionales por programas televisivos, *pubs* (establecimientos donde sirven bebidas alcohólicas) y los famosos *in-store* (promociones en tiendas) por todo el país. Ahora lo importante era cómo me veían otras mujeres, cuán famoso podía ser y cuánto reconocimiento podía recibir. Mi orgullo y vanagloria se inflaron aún más, cuando uno de los principales rotativos del país publicó el miércoles, 27 de octubre del 1999 en su primera plana: "Bomberos entregan calendario 'caliente'". Y esto ¿por qué? Porque la foto que utilizaron para el lanzamiento promocional en todo el país fue la mía. Oh, para mí ese día fue vivir en la cúspide de la gloria y la admiración, mientras mi familia vivía en el fondo de la vergüenza y el abandono.

Como todo lo que no es de Dios es efímero y pasajero, así también fueron esos meses de "éxito" de esta trampa llamada calendario. Ya para febrero del año 2000, todo había pasado y quedaba en mi vida y en la de mi familia todo lo que el fuego produce cuando una estructura colapsa por las llamas: ruina. El proceso del colapso de mi hombría no comenzó con un gran fuego de llamas impresionantes, sino coqueteando con la incandescente llama de la lujuria, la codicia, las tentaciones sexuales y la autosuficiencia. Lo que provocó que mi hombría se desintegrara fue no querer renunciar a las niñerías del pasado, en vez de crecer y madurar; no reconocer que la pasión que todo verdadero hombre debe buscar incansablemente en su matrimonio es hacer sentir a su esposa cuidada, valorada y amada.

"Porque la madurez siempre viene con la aceptación de responsabilidades".[4]

—Dr. Ed Cole

Era el deseo ferviente de vivir el libertinaje de la soltería, en vez de vivir la libertad que brinda el matrimonio. ¿Qué significaba el libertinaje de la soltería en mi vida? Implicaba no rendir cuentas a nadie, poder vivir la vida a mi manera y lo más impactante de todo era desear tener responsabilidades de adultos con un comportamiento de niño. En múltiples ocasiones escucho en mi práctica de consejería pastoral, cómo muchos hombres comienzan sus relatos hablando de todo lo que ellos hacían antes de casarse y ahora a ella, su esposa, no le gusta o no le permite ese tipo de conducta. Ese tipo de comportamiento, hombre que lees estas líneas, tiene una sola definición: niñerías. La madurez no llega con el tiempo, la madurez llega con la decisión inquebrantable de no volver atrás. Pablo dijo en 1 Corintios 13:11 (NTV):

"Cuando yo era niño, hablaba, pensaba y razonaba como un niño; pero cuando crecí, dejé atrás las cosas de niño".

¡Deja atrás lo de niño en el nombre de Jesús!

Insistir en ser niño en vez de madurar y comportarse como hombre tiene serias consecuencias personales y sociales. Según un estudio realizado, la generación nini es el nombre que se les dio a los jóvenes de 16 a 34 años que ni

> *La madurez no llega con el tiempo, la madurez llega con la decisión inquebrantable de no volver atrás.*

estudian ni trabajan. El Instituto de Estadísticas de Puerto Rico estimó la población de los ninis para el año 2009, en unos 319,662 individuos. Se encontró que los jóvenes en Puerto Rico de 16 a 34 años eran 1,069,662. Los ninis representan el 29.9% de ese total. Del resto, el 29.7% estudia, el 32% trabaja y el 8.4% estudia y trabaja. El 52.1% de los ninis vive con sus padres, según el Instituto. El 6.4% vive con los abuelos, el 4.6% con los suegros y el 4.5% con otro familiar. Esto, en opinión de la demógrafa Judith Rodríguez, significa que el 67.6% de esos jóvenes "viven mantenidos" por otras personas.[5]

Los hombres que no desean crecer solo tienen cabida en el país de nunca jamás. Los hombres que deciden crecer son los que encuentran en su matrimonio y en su familia el lugar perfecto para ser un verdadero hombre. Tal vez, amado lector, sientes que Dios te está confrontando, pero prefiero que sea Dios el que te confronte y no que el machismo y el orgullo te hagan sentir como víctima.

Jamás pensé que el resultado de mis decisiones, el machismo implacable, la agresividad constante, las palabras ofensivas, la avaricia por el dinero y la egolatría me llevarían a ser un agresor por espacio de dos años, mientras al mismo tiempo cantaba en un coro, ministraba en una iglesia y era el "modelo" de hombre para otros. ¡Jamás lo pensé! Y eso, que el modelo que tuve en mi hogar me enseñó que "la mujer no se toca ni con el pétalo de una flor". El ver cómo mi matrimonio se hundía en la arena movediza del abuso y del maltrato producía en mí una gran desesperación. Jamás pensé marcar con mis manos lo que ya Dios había marcado con las de Él. Génesis 2:22 declara:

> *Jamás pensé que el resultado de mis decisiones, el machismo implacable, la agresividad constante, las palabras ofensivas, la avaricia por el dinero y la egolatría me llevarían a ser un agresor por espacio de dos años, mientras al mismo tiempo cantaba en un coro, ministraba en una iglesia y era el "modelo" de hombre para otros.*

"Y de la costilla que Jehová Dios tomó del hombre,
hizo una mujer, y la trajo al hombre".

Cuando usted toma la plastilina en sus manos con firmeza, ella adquiere las marcas de sus dedos. Así mismo hizo Dios con la mujer cuando la tomó de la costilla del hombre. En ella ya venían impregnadas las marcas de la mano del Creador. Entonces, si el Creador estampó su huella en la mujer cuando la creó, ¿quién soy yo para poner otra marca en el cuerpo de la mujer que Dios me dio? ¿Quién me dio el derecho de deformar lo que el Creador formó con sus propias manos? Todo hombre que tiene la arena como fundamento de su hombría buscará siempre una justificación para sus acciones. Siempre tendrá excusas para dejar de comportarse a la altura de un verdadero hombre.

El rey David, un hombre conforme al corazón de Dios, cuando el profeta Natán lo confrontó en amor, porque el verdadero amor confronta, no brindó ninguna excusa. Él simplemente expresó:

"He pecado contra el Señor".

—2 Samuel 12:13, NTV

David no quiso aparentar porque las apariencias, antes de engañar a otros, te engañan a ti mismo. No podemos ser cristianos de apariencia, sino de transparencia. El predicador bautista británico Charles Spurgeon dijo:

> **El verdadero amor confronta.**

"¡Que el sermón principal de tu vida lo predique tu conducta!".[6]

HERIDAS DEL PASADO QUE MARCAN EL FUTURO

Otro de los reflejos de la hombría sobre la arena es que en medio del dolor, de la falta de perdón y de las frustraciones de la vida, el hombre vive de las apariencias y no de la realidad. Hace varios años tuve el honor de conocer a Cristian, un hombre que marcó mi vida para siempre. Desde temprana edad, este hombre experimentó el abuso sexual por parte de sus hermanos. Este trauma marcó su vida y causó que su desarrollo en la adolescencia fuera totalmente incierto y traumático.

Una tarde, me expresaba con ojos llorosos y cabeza inclinada: "Luis, el dolor más grande que puede sentir un hombre abusado es la incapacidad de perdonar. ¿Por qué a mí?", me gritaba Cristian. Son los momentos en que los minutos parecen eternos y no te sientes capaz de expresar la respuesta indicada. Esto hizo que mi vida se sintiera totalmente desconsolada.

> *Porque las apariencias, antes de engañar a otros, te engañan a ti mismo. No podemos ser cristianos de apariencia, sino de transparencia.*

El profundo dolor, combinado con la carencia de identidad, provocó que por la mente de Cristian pasaran pensamientos homosexuales. Llegó al punto de autosodomizarse con objetos extraños y el concepto de valor de sí mismo era prácticamente inexistente. Vivía para probarle a la gente que él no era lo que su dolor le dictaba. Hoy día muchos hombres se autosodomizan, no con objetos extraños, pero sí se introducen alcohol, drogas, pastillas, sexo sin compromiso, entre otros. ¿Para qué? Para tratar de llenar el vacío que hay en su alma. En lo exterior su vida comunicaba una falsedad, mientras en su interior, la realidad de este hombre era consumida por el grito silente de la amargura. El salmista expresó en medio de su dolor:

> "Mientras guardé silencio, mis huesos se fueron consumiendo por mi gemir de todo el día".
>
> —Salmos 32:3, nvi

Un día Cristian, ya casado y en medio de un retiro matrimonial, pudo ser sanado del dolor que había guardado durante más de 25 años. Me contaba que luego de estar derramando lágrimas por casi dos horas, pudo expresar la frase que

> *El dolor más grande que puede sentir un hombre abusado es la incapacidad de perdonar.*

puede abrir el cerrojo que guarda las heridas del alma: "¡Te perdono!". En lo personal, poder ver la restauración de Cristian ha sido una de las experiencias más hermosas de mi vida.

Lewis Smedes, autor y teólogo cristiano, expresó lo siguiente: "El perdón no es olvidar, excusar o dejar de lado las cosas. En vez de ello, el perdón rompe el ciclo de venganza y crea una nueva posibilidad de justicia, liberándonos del pasado injusto. Perdonar es la labor más dura del amor y su riesgo más grande. Perdonar es

> *La venganza nos encarcela; el perdón nos libera.*

bailar al ritmo del corazón perdonador de Dios. Es cabalgar sobre la cresta de la ola más fuerte del amor. Perdonar es liberar a un prisionero y descubrir que el prisionero eras tú. La venganza nos encarcela; el perdón nos libera".[7]

Vivir la hombría sobre el fundamento de la arena trajo consecuencias nefastas a mi matrimonio. Las estadísticas muestran que el 63% de los adolescentes que cometen suicidio se criaron sin su padre. Mi decisión de vivir

> *Perdónate, perdona a otros, sana, restaura y deja que el Señor sea quien moldee tu hombría.*

mi hombría sobre la arena y abandonar mi hogar por espacio de tres meses, sin importarme el bienestar de mi esposa, mi hija, mi familia cercana, ministerio y muchos menos Dios, pudo haber provocado que mi primogénita Paula fuera parte de esa cruel estadística.

Hoy es hora de tomar la ruta que te sacará de la inconsistencia de la arena. Un camino mundano jamás producirá un cambio celestial. ¡Que como hombre puedas dejar a un lado el camino distorsionado para tomar la ruta del camino profetizado! Jesús dijo: "Yo soy el camino, la verdad y la vida" (Juan 14:6, NVI). La Palabra enseña en Gálatas 2:18:

"Porque si las cosas que destruí, las mismas vuelvo
a edificar, transgresor me hago".

¡Que tus acciones te lleven a edificar las cosas que
fueron destruidas! Perdónate, perdona a otros, sana, res-
taura y deja que el Señor sea quien moldee tu hombría.
No permitas que tus heridas te hagan hundir en la arena
del lamento. No permitas que el peso de tu orgullo sea el
que moldee tu hombría. Permítele al caballero de la cruz
sanar tu corazón y que la transformación de tu vida sea
la evidencia inequívoca del reflejo del carácter de Cristo.

Para responder y pensar:

1. ¿Qué tipo de comportamiento ha llevado tu
   hombría al fundamento de la arena?

2. ¿Qué ayuda has buscado para trabajar dicho
   comportamiento?

3. Identifica las heridas del pasado que han
   marcado tu hombría.

4. ¿Te has podido perdonar a ti mismo?

5. ¿Has podido perdonar a tu agresor?

Capítulo 9

LA HOMBRÍA SOBRE LA ROCA
POR LUIS ROIG

*"El hombre de verdad tendrá
muchas bendiciones..."*.
—PROVERBIOS 28:20

AL FINALIZAR UN evento para hombres llamado
"Hombría A Otro Nivel", hicimos una sesión de
preguntas titulada "De hombre a hombre". A
cada hombre se le entregaba una hoja de papel y en ella
escribían sus preguntas. Cerca de treinta hombres for-
mularon diferentes tipos de preguntas, pero una de ellas
cautivó mi corazón. La hoja de papel mostraba dos rayas
sobre dos preguntas, pero la tercera que escribió fue impactante: "¿Cómo empezar?". Esta pregunta hizo que
de mis ojos brotaran lágrimas de admiración por este
hombre que valientemente hizo la pregunta que miles de
hombres se hacen hoy en día. Le dije: "Te admiro como
hombre, eres valiente y hoy mismo Jesús puede contestar
tu pregunta". La Palabra expresa en Hebreos 4:16 (NVI):

"Así que acerquémonos confiadamente al trono
de la gracia para recibir misericordia y hallar la
gracia que nos ayude en el momento que más la
necesitemos".

EL VERDADERO FUNDAMENTO

Si la pregunta de este hombre fue cómo empezar, entonces tenemos que ir al lugar donde todo comienza: el fundamento. El pasaje de Mateo 7:24-27 nos muestra que el hombre prudente fue el que construyó su casa sobre la roca. La roca, igual que la arena, tiene sus características muy peculiares. La roca es sólida y compacta, no es flexible ni moldeable, es resistente a los cambios y cubre la corteza de la tierra. En medio de la restauración que Dios hizo en mi matrimonio, se produjo uno de los procesos más dolorosos, pero a su vez más restauradores que pude experimentar: comenzar de nuevo.

¿Dónde está el fundamento de tu hombría?

El fundamento de mi hombría tenía que estar cimentado sobre la roca. Recuerda el ejemplo del hombre que va a la playa y si se acuesta sobre la arena, al cabo de varios minutos la arena toma la forma del cuerpo. Lo opuesto sucede cuando un hombre se acuesta sobre la roca: al instante, el hombre toma la forma de la roca. La roca no se amolda a mi hombría, sino que mi hombría se amolda a la roca. ¡Qué poderoso principio podemos aprender de esta parábola! La historia de estos dos hombres nos hace preguntar hoy día: ¿Dónde está el fundamento de tu hombría?

Llevar mi hombría al fundamento de la roca no fue nada fácil. El reconocer mis fallas implicaba tener que morir al yo que me sustentaba. Recuerdo la primera consejería que recibí. El pastor, mirándome a los ojos, me dijo: "Luis, tú tienes que dejar de agredir a tu esposa". ¿Por qué esa orden tan tajante? Porque muchas veces queremos resolver los conflictos enfocándonos en las debilidades de mi pareja, en vez de primero solucionar las debilidades de mi carácter. El proceso de llevar mi hombría de la violencia a la obediencia duró un año. El proceso de vivir mi hombría sobre la roca aún continúa. Prefiero vivir cada día amoldándome a la hombría según Cristo, que vivir un solo segundo acostumbrado a la mía. El Dr. Ed Cole dijo: "Hombría y semejanza a Cristo son sinónimos".[1] La roca es resistente a los cambios; la hombría sobre la roca es resistente a la presión de la cultura. La roca cubre la corteza de la tierra, mientras la hombría sobre la roca cubre a mi esposa y a mi descendencia.

"Lo que usted cree determina su conducta, carácter y destino. Mientras el mundo busca mejores modelos, Dios busca mejores hombres"[2], dijo Dr. Ed Cole.

Acostarte sobre la roca provocará en tu vida un sentimiento de incomodidad y de pérdida porque literalmente es dejar que tu hombría pierda su forma y tome la forma de la roca. Habrá momentos en que querrás retomar el estilo de vida de la hombría sobre la arena, pero nunca olvides que el fundamento sobre la

> *Porque muchas veces queremos resolver los conflictos enfocándonos en las debilidades de mi pareja, en vez de primero solucionar las debilidades de mi carácter.*

arena siempre te llevará a una gran ruina. Cuando escucho a mi amada esposa decirme lo agradecida que está a Dios por el esposo que le ha dado, cuando mis hijas me dicen: "Papi, tú eres mío" o cuando corren a mis brazos en busca de un fuerte abrazo, digo: "Señor, que nunca abandone la roca de mi Salvación".

Hombría y semejanza a Cristo son sinónimos.

La roca siempre será el lugar más seguro donde un hombre pueda estar. La roca nos mantendrá fuertes en medio de las tormentas y los vendavales de la vida. La roca nos promete que nunca se derrumbará y que sus cualidades son más sólidas que las mías. Esa roca, amado hombre, es Jesús. El salmista declara en Salmos 71:3:

"Sé para mí una roca de refugio, adonde recurra yo continuamente. Tú has dado mandamiento para salvarme, Porque tú eres mi roca y mi fortaleza".

En una ocasión íbamos de camino a una tienda por departamentos para comprar ciertos artículos para el hogar.

La roca siempre será el lugar más seguro donde un hombre pueda estar.

Cuando estaba a punto de entrar al estacionamiento, de repente mi hija Emelyn me dijo: "Papi, ¿viste esa familia pastoral?". Volteé mi cabeza hacia el lado que ella estaba señalando, buscando una cara familiar, pero no vi nada. Le pregunté: "¿Dónde están? No veo nada". Ella señaló la imagen que para ella constituía una familia pastoral. Esa imagen era un grupo de cuatros grandes rocas de mayor a menor. Detuve el auto, miré a mi esposa y con ojos llorosos le dije: "Nuestra hija de cinco años ya tiene claro cuál es el fundamento de nuestra familia: Jesús". Lo maravilloso de todo esto es que nuestra familia se compone de cuatro personas, así que para mi hija menor, la imagen de las cuatro rocas le recordó lo que somos como familia. Si tus hijos te dijeran: "Papá, mira un modelo de familia", ¿qué imagen utilizarían? ¿Con qué la compararían? ¿Con la roca o con la arena? Mi buen amigo el Dr. Sixto Porras, Director de Enfoque a la Familia®, siempre dice:

> "No predicamos familias perfectas, sino familias saludables".[3]

Mi familia no es la excepción a esa declaración. Tenemos nuestras crisis, experimentamos momentos difíciles y momentos de tristeza, pero de algo estoy seguro, y es que tener el fundamento de mi hombría sobre la roca, ha traído un bienestar hermoso a mi casa. Hay teorías sicoanalíticas que expresan lo siguiente: "El agresor nunca dejará de ser agresor". Ese día, la comparación que hizo mi hija menor entre las cuatros rocas y nuestra familia, me hizo recordar las palabras de Pablo en 2 Corintios 5:17 (NTV):

> *La mano que se levantaba para atacar, ahora se inclina para honrar.*

"Esto significa que todo el que pertenece a Cristo se ha convertido en una persona nueva. La vida antigua ha pasado, ¡una nueva vida ha comenzado!".

Doce años han pasado de experimentar ser una nueva persona. La mano que producía dolor e humillación es ahora la mano que acaricia, cubre y protege a mi generación. La mano que se levantaba para atacar, ahora se inclina para honrar. Reto a cada hombre a que se haga la siguiente pregunta: ¿Qué experimenta tu esposa cuando utilizas tu mano? ¿Será agresión? ¿Será honra?

> *El compromiso de permanecer fiel a la mujer del pacto muestra de qué tipo de material está compuesta tu hombría.*

Ha llegado la hora de que como hombres dejemos todo comportamiento que nos ha llevado a vivir la hombría sobre la arena y que corramos a la roca que es Cristo. Es hora de aceptar el compromiso de poder ser hombre de una sola mujer. No existe razón alguna que justifique la fornicación, el adulterio o las pasiones sexuales desordenadas. El compromiso de permanecer fiel a la mujer del pacto muestra de qué tipo de material está compuesta tu hombría. ¿Sabes por qué? Porque la fidelidad de un hombre sobrepasa los límites de sus debilidades. Es tiempo de no abandonar la mujer de tu juventud, por una que te llevará a vivir en esclavitud.

El rey David, en 1 de Reyes 2:2, le dio a su hijo Salomón

las instrucciones más poderosas que un padre puede brindar:

"Yo sigo el camino de todos en la tierra; esfuérzate,
y sé hombre".

Vivir la hombría sobre la roca es el reto que Dios nos encomendó hace más de dos mil años. Ese mismo reto sigue vigente hoy en día. Ha llegado el tiempo en que cada esposa pueda experimentar la transformación que Dios ha hecho en la vida de su esposo. Nuestra sociedad clama por ver lo que expresa Pablo en Romanos 8:19 (NVI):

"La creación aguarda con ansiedad la revelación de
los hijos de Dios".

Esa revelación comienza hoy en el hogar, el lugar donde mi esposa aguarda con ansias la manifestación del verdadero hombre de Dios. ¡Que como hombres demos el paso hacia la madurez, desechando todo abuso verbal o físico! ¡Que como hombre pueda ser para mi esposa el ardiente deseo de su corazón! Es tiempo de que no importa lo que tenga que hacer, como padre sea mi deseo ver el carácter de Cristo reflejado en la vida de mis hijos. Pablo en Gálatas 4:19 dice:

> *La fidelidad de un hombre sobrepasa los límites de sus debilidades.*

"Queridos hijos, por quienes vuelvo a sufrir dolores
de parto hasta que Cristo sea formado en ustedes".

El cauce es el responsable de llevar al río a desembocar en el majestuoso mar. Como padres, somos los responsables de ser el cauce que lleve a nuestros hijos a desembocar en el majestuoso propósito que Dios tiene para ellos.

HA LLEGADO EL TIEMPO

Es tiempo de esforzarte para llevar tu vida y la de tu familia, "a la meta, al premio del supremo llamamiento de Dios en Cristo Jesús" (Filipenses 3:14). Es tiempo de que la integridad de un hombre no se mida por la grandeza de sus éxitos, sino por la profundidad de su carácter. Es la hora de vivir a la estatura de Cristo, no sin antes comprender que primero tengo que vivir al estrado de sus pies.

> *¡Que como hombres demos el paso hacia la madurez, desechando todo abuso verbal o físico! ¡Que como hombre pueda ser para mi esposa el ardiente deseo de su corazón!*

Es el tiempo de que ames a tu esposa como Cristo amó a la iglesia, entregándote a ella. Si vas a imitar a Cristo, tienes que morir. El morir a él es el modelo que todo hombre debe seguir cuando ama a su esposa. Si Cristo se despojó de su gloria y decidió cambiar de forma por amor a mí, entonces yo debo despojarme de mi orgullo, de mis actitudes y de

> *Es tiempo de que la integridad de un hombre no se mida por la grandeza de sus éxitos, sino por la profundidad de su carácter.*

mi vanagloria, para tomar la forma de Él. Recuerda esto: "La salvación vino por el 'kenosis' de Cristo, pero la transformación viene por el 'kenosis' del hombre. El hombre no puede ser lleno, si primero no está vacío".[4]

El obispo Dale C. Bronner, de Word of Faith Family Worship Cathedral dijo:

> *Es el tiempo de que ames a tu esposa como Cristo amó a la iglesia, entregándote a ella.*

> "Nunca permita que sus logros externos reemplacen su desarrollo interno. ¡Sus logros le pertenecen a lo que usted hace; el desarrollo interno le pertenece a quien usted llega a ser en Dios! ¡Usted puede renunciar a lo que usted hace, pero usted no puede renunciar a quien usted es!".[5]

Amado hombre, no puedes seguir huyendo al llamado que Dios te hace hoy. Él cree en ti. Hombre que estás leyendo este libro, la iglesia más cercana que tú tienes es tu esposa. Tu esposa lucirá tan bien como

> *Como la trates no es un reflejo de lo que ella es, sino de quien tú eres.*

tú decidas tratarla. Como la trates no es un reflejo de lo que ella es, sino de quien tú eres. Ámala, hónrala y trátala como Dios te trataría a ti: con amor incondicional.

Hoy es un buen día para que comiences a vivir tu hombría sobre la roca.

Nunca olvides que esa roca es Jesús.

PARA RESPONDER Y PENSAR:

1. ¿Qué decisiones debes tomar para llevar tu hombría al fundamento de la roca?

2. ¿Cuáles serían los cambios que produciría esta decisión?

3. ¿Crees que un hombre puede superar la violencia doméstica?

4. ¿Tus hijos ven su familia sobre la arena o sobre la roca? Explica.

Capítulo 10

¿QUÉ ES EL MATRIMONIO?

POR LUIS Y CYNTHIA ROIG

*"Tengan todos en alta estima el matrimonio
y la fidelidad conyugal…".*
—HEBREOS 13:4, NVI

EL MATRIMONIO ES una etapa en la vida que definitivamente nos hace madurar. Simplemente tomar la decisión de desfilar hacia un altar es un acto de heroísmo. No lo digo para que le tomen miedo al matrimonio, sino para que entiendan que es una gran responsabilidad.

El matrimonio es la oportunidad para desahogar todo lo enseñado por años. Traemos al matrimonio todo este equipaje lleno de enseñanzas buenas y otras no tan buenas. Durante nuestro crecimiento, observamos los comportamientos de otros, entre ellos, los de los matrimonios. Los matrimonios de nuestros padres, de nuestros tíos, de nuestros amigos y aún hasta de desconocidos nos muestran la manera en que las parejas se tratan y hablan. El problema es que no siempre lo que

> **Simplemente tomar la decisión de desfilar hacia un altar es un acto de heroísmo.**

vemos es lo que es ni lo que debe ser. Entonces tendemos a emular lo que vimos, sin analizar si es lo correcto. Cuando nos damos cuenta de que lo que copiamos no nos está dando resultado, ya estamos sumergidos en la debacle de los problemas sin resolver. Es el nivel en que el amor pasional se tropieza con el amor racional.

Al principio, las parejas se aman porque se encuentran hermosos y se gustan demasiado a base de las cualidades que se ven. Es como cuando tienes un negocio. Tú contratas a los empleados por sus habilidades, pero los despides por su carácter. Así es el matrimonio. Te casas por las cualidades, pero te quedas por el carácter. Ese carácter de cada quien se desarrolla y madura junto al del otro, en un pacto.

> *El problema es que no siempre lo que vemos es lo que es ni lo que debe ser.*

Para que entiendas mejor, el pacto matrimonial es una aventura que decidimos compartir para madurar juntos porque la madurez produce felicidad. La felicidad no produce madurez. De acuerdo con Hebreos, para que un pacto sea válido, el testador tiene que morir.

> "Por eso Cristo es mediador de un nuevo pacto, para que los llamados reciban la herencia eterna prometida, ahora que él ha muerto para liberarlos de los pecados cometidos bajo el primer pacto".
> —HEBREOS 9:15, NVI

El hombre y la mujer tienen cada cual un pacto, es decir, dos pactos entre los dos. Cuando se casan, ambos tienen que morir a su pacto individual porque esos dos pactos con Dios se tienen que convertir en un solo pacto con Dios. Cuando esto ocurre, se cultiva el amor incondicional como un factor prioritario en el matrimonio. Vas a necesitar ese amor incondicional y a Cristo como centro de tu hogar para moldear el carácter, desarrollar templanza, paciencia y tolerancia y caminar juntos la milla extra para mantener un matrimonio, más que saludable, extraordinario.

Según van pasando los meses y vemos el despertar del cónyuge, el olor de una boca mañanera y unos ojos hinchados de dormir, la cosa cambia. Si vamos más allá, cuando van pasando

> *Definitivamente, el amor evoluciona y se vuelve sabio.*

los años y se va perdiendo cabello o ya los cuerpos en vez de estar firmes están flácidos, aparecen las arrugas o simplemente te da más trabajo levantar lo que se empeña en caer. Justo en ese momento, el amor en el matrimonio llega a un nivel que no tiene retorno.

Es ahí donde descubrimos que ya lo pasional no es lo que nos hizo amarnos, sino la esencia de lo que somos como personas, todo eso que te hace decir "es que era lógico que me enamorara de una persona así". En realidad fue la razón la que te unió a esa persona que te movió el piso porque te diste cuenta de que tenía todos los componentes que completarían tu vida. Definitivamente, el amor evoluciona y se vuelve sabio. Pero en el trayecto de la convivencia, habrá desacuerdos.

EL BUEN TRATO Y LOS DESACUERDOS

Los matrimonios tienen desacuerdos porque son dos personas diferentes en su formación, su genética, han vivido distintas situaciones y a menudo han tenido que superar situaciones dolorosas durante su infancia y juventud. Precisamente de la madurez del carácter depende la habilidad de resolver las desavenencias conversando sensatamente sin iniciar un ciclo de agresión, que usualmente empieza con la manera de hablar y el lenguaje corporal.

Las parejas se acaloran conversando porque utilizan las palabras incorrectas y se acercan al cónyuge con el lenguaje corporal y las actitudes incorrectas. De hecho, la conversación no empieza con las palabras, sino con la forma en que nos acercamos a la pareja para hablarles de un tema. Los esposos, ya con vernos caminar hacia ellos, se están preparando para defenderse porque saben a lo que vamos, a menos que nos aproximemos de una manera agradable. Luego, de acuerdo a cómo le hables a tu pareja, el receptor te escuchará o no te podrá escuchar si identifica falta de respeto en tus gestos o palabras.

Con frecuencia no queremos admitirlo, pero creemos que la intimidad y la confianza nos dan el derecho de hablarle a la pareja como nos da la gana, sin escucharle ni tener en cuenta sus sentimientos. Es un hábito negativo que tenemos que dejar atrás por el bien del matrimonio.

La Palabra de Dios nos dice en 1 Pedro 3:9 (NTV):

"No paguen mal por mal. No respondan con insultos cuando la gente los insulte. Por el contrario, contesten con una bendición. A esto los ha llamado Dios, y él los bendecirá por hacerlo".

¡Qué fácil es perdonar al de la oficina o a las personas que no conocemos! Pero ¿es igual en la casa? No, no lo es; la confianza y la intimidad rompen con el respeto. No debe ser así. Hablamos o respondemos a la ligera sin pensar en lo mal que se siente la persona que amamos y lastimamos sus sentimientos sin misericordia. Debemos tratar bien al de afuera, pero también al que vive contigo, al que duerme en tu cama.

Tu cónyuge merece un buen trato y en la Palabra dice claramente que Dios nos bendecirá por bendecir a otro, sea con nuestras acciones o con nuestras palabras. Hagamos un esfuerzo y seamos más tolerantes, pensemos bien lo que vamos a decir, de la misma manera que lo pensamos en el trabajo para no herir a un compañero de oficina. Actuemos de acuerdo a la Palabra, teniendo la palabra amable en nuestra boca, en todo momento. Ciertamente el ambiente en el hogar se sentirá liviano y se reflejará una paz que solo se puede encontrar cuando Dios es el centro de un hogar.

Cuando vayas a conversar o a discutir un asunto con tu pareja, especialmente si sabes que es un tema que trae discordia, haz lo siguiente:

> *Actuemos de acuerdo a la Palabra, teniendo la palabra amable en nuestra boca, en todo momento.*

- Espera a que baje el coraje: el tuyo, el de él o el de ambos y los ánimos estén receptivos para conversar.

- Acércate a tu pareja con amor, una palabra amable, una sonrisa o un gesto de proximidad.

- Habla sobre el tema o conducta que interesas resolver en el presente y en términos de cómo te afecta. Conversa sin entrar en personalismos, sin insultar, menospreciar, culpar, señalar, sin traer a colación asuntos pasados y sin decir frases hirientes. Enfócate en el tema presente.

- Sé directa(o) y clara(o), pero respetuosa (o). Evita los sarcasmos o las palabras de doble intención.

- Bendice en vez de maldecir.

Para reducir y evitar los desacuerdos dañinos, esfuérzate a diario en crear un fundamento fuerte: un ambiente de paz y mutua comunicación.

- Ten presente el poder del acuerdo ante Dios. Busca lograr un acuerdo y más allá, persigue vivir en acuerdo en las áreas más importantes de la vida: la pareja, la crianza de los hijos, el tiempo de Dios, las finanzas y otros temas que les afecten.

"Además les digo que si dos de ustedes en la tierra se ponen de acuerdo sobre cualquier cosa que pidan, les será concedida por mi Padre que está en el cielo".

—MATEO 18:19

- No asumas ni permitas que tu pareja asuma la actitud de "me toleras así porque me conociste así, ese soy yo y no voy a cambiar". Esa es solo una manera de perpetuar una conducta inaceptable y justificarla. Busca ayuda profesional o pastoral para manejar este tipo de actitud.

- Dedíquense tiempo el uno al otro.

- Es muy importante que mantengan una comunicación saludable.

- Cuida cómo llegas a tu hogar a diario y cómo hablas. Da lo mejor de ti a tu pareja y a tu familia.

- Deja tras la puerta de tu casa cualquier momento negativo que te ocurrió afuera. Si lo quieres compartir con tu cónyuge, primero entra, saluda, besa, abraza y cena. Entonces, con calma, comparte lo que te pasó y escucha sugerencias o consejos. Dos en acuerdo con Cristo piensan mejor que uno.

- Procura esmerarte en tu relación matrimonial y atender a tu pareja.

- No permitas que te cargue la vida cotidiana.

- Trabajen en ustedes mismos como individuos y como pareja para mejorarse continuamente.

- Más allá de oír, aprende a escuchar a tu pareja cuando te habla.

- Lo que hace extraordinario un matrimonio es que la pareja haga cosas extras para mantener y fortalecer la relación. No esperes a un retiro matrimonial o una cena en la iglesia, un cumpleaños o un evento familiar para tener detalles el uno con el otro, ni para acordar citas románticas.

- Si estás en pecado, arrepiéntete con honestidad, deja entrar a Cristo en tu corazón y busca ayuda para cambiar tu manera de vivir y salvar tu matrimonio.

- Si eres cristiano, no permitas en tu hogar el maltrato institucional que denigra la posición de la mujer en el nombre de Dios. No te sientes en tu casa a esperar a que te sirvan defendiendo un enfoque esclavista a nombre de la fe. El mutuo servicio y atención en la pareja no puede ser esclavitud, sino recíproco y basado en el amor. Pónganse de acuerdo en cuanto a todo lo que necesita hacerse diariamente en el hogar y la familia, y ayúdense el uno al otro para que ninguno de los dos se recargue y se resienta. El beneficio es, además de un matrimonio balanceado, una pareja con más tiempo y energía para dedicarse el uno al otro.

Desde el púlpito de la iglesia se ha dicho durante años que el hombre es la cabeza y el sacerdote del hogar. Se pierde de vista que para que el sacerdocio lleve a cabo su función con eficiencia, debe haber una armonía del sacerdocio común, compartido entre el esposo y la esposa. Es interesante saber que, aunque en el judaísmo el hombre se considera la cabeza del hogar, la religión se "hereda" o prevalece generación tras generación, por la línea materna.

> *No permitas en tu hogar el maltrato institucional que denigra la posición de la mujer en el nombre de Dios. No te sientes en tu casa a esperar a que te sirvan defendiendo un enfoque esclavista a nombre de la fe.*

El concepto que durante años ha sugerido que la mujer en el hogar está en un segundo plano, basado en Génesis 3:16, es producto del pecado.

"A la mujer dijo: Multiplicaré en gran manera los dolores en tus preñeces; con dolor darás a luz los hijos; y tu deseo será para tu marido y él se enseñoreará de ti".

Juan 3:16 (NVI) dice:

"Porque tanto amó Dios al mundo, que dio a su Hijo unigénito, para que todo el que cree en él no se pierda, sino que tenga vida eterna".

Jesús vino a romper con aquella maldición del pecado y a restaurar la posición de la mujer.

"Cristo nos redimió de la maldición de la ley".

—GÁLATAS 3:13

Choca y duele la desvalorización de la mujer a base del libro de Génesis, cuando estamos bajo un nuevo pacto y es importante llevar un mensaje cristocéntrico balanceado como lo predicamos nosotros. Debido a esas interpretaciones a pesar de que vivimos bajo el nuevo pacto, a la mujer se le hace difícil asimilar el concepto bíblico de sujeción. Si queremos hablar de sujeción tenemos que ir al principio bíblico de Efesios 5.

> *Se pierde de vista que para que el sacerdocio lleve a cabo su función con eficiencia, debe haber una armonía del sacerdocio común, compartido entre el esposo y la esposa.*

"Someteos unos a otros en el temor de Dios. Las casadas estén sujetas a sus propios maridos, como al Señor;

—EFESIOS 5:21-22

El verso 21 establece que el sometimiento debe ser recíproco y no unilateral. La palabra "someteos" es la misma palabra "sujetas" en el verso 22 y proviene de la palabra griega "*jupotásso*", que significa "estar unido en dependencia". Así que, para comprender el principio básico de la unidad en el matrimonio, tenemos que vivir primeramente en una total dependencia del Dios que nos unió. El pasaje bíblico "El marido es cabeza de la mujer" no puede ser tomado de una manera irresponsable y literal. El fundamento de este pasaje no es la prepotencia, la tiranía ni la esclavitud. El fundamento inquebrantable es el amor reflejado por Cristo en la cruz del calvario. La mujer vivirá sujeta a su marido en la medida que el hombre sea el reflejo de Cristo en el hogar.

> **La mujer vivirá sujeta a su marido en la medida que el hombre sea el reflejo de Cristo en el hogar.**

El hombre debe amar con abnegación, amar con pureza de corazón, amar con protección y con firmeza de carácter. A menudo escucho a mujeres expresar: "Jamás viviré sujeta a un hombre", y es que el concepto diabólico durante siglos ha sido que el hombre se ha encargado de ser el martillo que ha destruido la imagen de Dios en la mujer. El machismo denigra a la mujer y el feminismo promueve la falsedad de la autosuficiencia. Frases feministas tales como: "Ser mujer es una tarea terriblemente difícil porque consiste principalmente en tratar con hombres", más que liberar a la mujer, la ha esclavizado. ¡El mensaje del

> **El verdadero amor de Dios libera, no esclaviza.**

machismo no es bíblico! No podemos perpetuar desde el altar un mensaje que ha provocado tanto dolor y frustración en la mujer. El verdadero amor de Dios libera, no esclaviza.

> *El machismo denigra a la mujer y el feminismo promueve la falsedad de la autosuficiencia.*

El pacto matrimonial requiere que la mujer se levante en estima y participación y el hombre le pida opinión y consenso para todas las decisiones, de manera que se tomen de mutuo acuerdo, para que el sacerdocio del hogar y la familia se ejerzan de manera balanceada. No podernos olvidar que la mujer fue formada por Dios para ser ayuda idónea del hombre y no esclava.

Hay un conflicto real. Al hombre le cuesta admitir el liderazgo de la mujer en el hogar, el trabajo y en la sociedad. Ese machismo distorsiona la Palabra de Dios y lo que es un verdadero hombre en Cristo. Por eso toda restauración de un matrimonio empieza con Cristo como su centro. Y Dios en su perfección, hizo un matrimonio perfecto en seres imperfectos para que necesitáramos de Él, lo buscáramos y entendiéramos que solo en Él podemos alcanzar un matrimonio extraordinario. Sin Él nada podemos hacer.

> *No podernos olvidar que la mujer fue formada por Dios para ser ayuda idónea del hombre y no esclava.*

PARA RESPONDER Y PENSAR:

1. ¿En qué áreas les resulta más difícil ponerse de acuerdo?

2. ¿Cuánto te ha llevado a madurar la vida matrimonial? Describe.

3. ¿Reconoces que debes mejorar el tipo de acercamiento a tu cónyuge en momentos de discusión? Explica.

4. ¿Cuánto ha afectado a tu vida matrimonial el falso concepto de la sujeción? Explica.

5. ¿Qué pasos debes dar en busca de la restauración matrimonial? Escribe una carta de reconciliación.

Capítulo 11

LOS HIJOS Y LA VIOLENCIA DOMÉSTICA

POR LUIS Y CYNTHIA ROIG

"Los hijos son un regalo del SEÑOR; son una recompensa de su parte".

—SALMOS 127:3, NTV

LOS ESTUDIOS REALIZADOS por la Administración de Niños y Familias del Departamento de Salud y Servicios Humanos de los Estados Unidos revelan que los niños expuestos a la violencia doméstica que ocurre entre sus padres, aunque ellos no sean víctimas directas, sufren consecuencias a corto y a largo plazo.[1] Estas incluyen, entre muchas otras, miedo excesivo al conflicto, conducta de sumisión, pérdida de asertividad, aislamiento de sus amigos y familiares, depresión, llanto frecuente y baja autoestima. Son más propensos a exhibir conducta agresiva y antisocial, ansiedad, altos niveles de ira, hostilidad, comportamiento de oposición, desobediencia, miedo, retraimiento, pobres relaciones sociales y con sus iguales, actitudes previolentas, pocas destrezas para resolver problemas, dificultades escolares, creencias en estereotipos rígidos de géneros y de privilegio masculino y un desarrollo cognitivo más lento.

En su adultez, los niños varones que presencian violencia doméstica son más propensos a repetir la violencia doméstica como agresores y las niñas tienden a ser víctimas. Los niños pequeños que presencian dichas escenas de agresión parecen exhibir niveles más altos de devastación emocional y psicológica que los niños mayores. En general, los varones externalizan más su conducta agresiva y las niñas internalizan más, se retraen y se deprimen.

Cuando se abusa de una madre delante de los hijos, los niños se sienten culpables porque no pueden protegerla o creen que son la causa del maltrato. Ver a los padres en un acto de violencia hace que los niños sientan confusión, tensión, miedo.

> **En su adultez, los niños varones que presencian violencia doméstica son más propensos a repetir la violencia doméstica como agresores y las niñas tienden a ser víctimas.**

Crecen aprendiendo que está bien hacer daño a otra persona o permitirle a otro que te haga daño. Además, aprenden a resolver sus conflictos de igual manera y están a un riesgo mayor de ser suicidas, cometer actos criminales a nivel juvenil o adulto y ser adictos a drogas o alcohol.

Por todas estas razones nosotros, como pastores y consejeros ayudando a matrimonios y familias, damos atención a los niños con especial cuidado. El primer problema a que se enfrentan los niños de hogares donde hay violencia doméstica es que los que tenían que proveerles seguridad, les causaron ansiedad, dolor, trauma e inseguridad. Para poder ayudarlos, tenemos que empezar por crearles un ambiente donde sientan seguridad, escucharlos e ir formando parte de su vida. Les hablamos sobre la escuela y demostramos un interés real sobre su vida para que se expresen con confianza. No se menciona la situación traumática en la primera cita. Los niños siempre tienden a callar para no detonar la situación porque les da miedo lo que vieron y lo que pueda ocurrir si lo cuentan.

> *Ver a los padres en un acto de violencia hace que los niños sientan confusión, tensión, miedo. Crecen aprendiendo que está bien hacer daño a otra persona o permitirle a otro que te haga daño.*

Es muy importante ayudar a los niños que han vivido en un hogar con violencia doméstica porque si no reciben terapia tienden a repetir el patrón porque los niños aprenden por modelaje. Crecen con rencor, sentimiento de impotencia y llenos de coraje. Los que no reciben ayuda son los que cuando crecen quieren cambiarse el apellido por

> *Para poder ayudarlos, tenemos que empezar por crearles un ambiente donde sientan seguridad, escucharlos e ir formando parte de su vida.*

la vergüenza que les produce o deciden tomar la justicia en sus manos como los hijos varones que están esperando a crecer para enfrentarse a su padre agresor o matarlo.

> *La violencia emocional y sicológica es extremadamente dañina y la violencia empieza con cómo les hablamos a nuestros hijos.*

En el proceso de ayuda, el objetivo es que no repitan la conducta de agresor. Se les inculca que eso que vieron y vivieron no es lo correcto; que en la familia y en el matrimonio lo correcto es el amor, el abrazo y las caricias. Les demostramos esa nueva conducta y hasta los ponemos a dibujarla. Se pretende que la marca de la violencia no prevalezca en su vida adulta, evitando que el niño aprenda la conducta de los padres.

CONSECUENCIAS ESPIRITUALES

Presenciar violencia doméstica no solo trae consecuencias emocionales y sicológicas. También tiene serias consecuencias espirituales porque distorsiona en los niños la

> *En la familia y en el matrimonio lo correcto es el amor, el abrazo y las caricias.*

imagen de Dios. Piensan que si Papi es maltratante, Dios es maltratante. Se les destroza el concepto de identidad propia, y pierden el concepto de identidad de quién es Dios y de quiénes son ellos en Dios. Muchos demuestran apatía y hasta rebeldía contra Dios porque se afecta su imagen del Padre y el mensaje de cómo es Dios.

Parte crucial de la ayuda que les damos es restaurar la imagen de Dios en sus vidas. Procuramos que entiendan que son hijos de Dios y les explicamos la presencia paterna y materna (José y María) en la vida de Jesús, aunque era hijo del Padre, igual que ellos. Les enseñamos que tienen el respaldo de Dios en el proceso de su dolor.

> "El rey proclama el decreto del Señor: El Señor me dijo: 'Tú eres mi hijo. Hoy he llegado a ser tu Padre'".
>
> —SALMO 2:7, NTV

Si hasta este momento tus hijos han presenciado violencia entre tu cónyuge y tú, y tú piensas que ellos no han sido víctimas directas de violencia, queremos que sepas que son víctimas secundarias de violencia doméstica. Violencia no es solamente el golpe físico o la negligencia. La violencia emocional y sicológica es extremadamente dañina y la violencia empieza con cómo les hablamos a nuestros hijos. A veces agredimos a nuestros hijos con nuestras palabras sin tener en cuenta sus sentimientos. Eso también es violencia. La Palabra de Dios dice en Efesios 6:4 (NTV):

> *Parte crucial de la ayuda que les damos es restaurar la imagen de Dios en sus vidas.*

"Padres, no hagan enojar a sus hijos con la forma en que los tratan. Más bien, críenlos con la disciplina e instrucción que proviene del Señor".

PARA RESPONDER Y PENSAR:

1. ¿Consideras que has sido un padre o madre maltratante, ya sea de palabras o físicamente?

2. Si la respuesta es sí, ¿has podido dar el paso hacia la restauración?

3. Como producto de tu comportamiento, ¿qué imagen tienen tus hijos del Dios Padre? Explica.

4. Escribe una carta a tus hijos donde describas lo importantes que ellos son para ti.

Capítulo 12

LA RUTA HACIA LA OBEDIENCIA A DIOS

POR LUIS Y CYNTHIA ROIG

"Las mejores frases deberían salir de las bocas de las personas que viven bajo el mismo techo".

—CYNTHIA ROIG

SEGÚN LA REAL Academia Española, obediencia es la acción de obedecer las órdenes de un superior. La obediencia definitivamente es una acción, pero va más allá. Es un estilo de vida, más cuando se trata de obedecer las instrucciones que Dios nos brinda a través de su Palabra.

Nuestra obediencia a la Palabra de Dios hizo que restauráramos algo que habíamos destruido. La Biblia nos enseña en Deuteronomio 28:1 (NVI):

> "Si realmente escuchas al Señor tu Dios, y cumples fielmente todos estos mandamientos que hoy te ordeno, el Señor tu Dios te pondrá por encima de todas las naciones de la tierra".

Cuando vivimos bajo los linderos de la Palabra de Dios, dejándonos llevar por la dirección que nos da, somos bendecidos en forma sobreabundante. Ambos pudimos experimentar plenamente esa bendición; ya no tomamos decisiones sin consultarlas con Dios.

Salir de una crisis requiere pasar por el proceso de la desintoxicación de todo aquello que ha contaminado tu vida por muchos años. Dejar la ruta que ha provocado tanto dolor y encaminarte hacia la ruta de la obediencia a Dios es algo que conllevará un gran valor de tu parte. Joan Manuel Serrat popularizó una famosa canción que decía: "Caminante, no hay camino, se hace camino al andar". Es que el camino hacia la obediencia conlleva una decisión simple, pero contundente: ¡Camina! La obediencia no discute, no razona y mucho menos cuestiona. Obediencia es reconocer que lo que es superior a mí tiene el derecho de decirme qué camino tomar.

> *Salir de una crisis requiere pasar por el proceso de la desintoxicación de todo aquello que ha contaminado tu vida por muchos años.*

El salmista expresó en Salmos 32:8:

> "Te haré entender, y te enseñaré el camino en que debes andar; Sobre ti fijaré mis ojos".

Lo más crítico del camino hacia la ruta de la obediencia fue permitir que Dios fuera el que nos hiciera entender y luego nos mostrara el camino. El entendimiento es lo que

> *La obediencia no discute, no razona y mucho menos cuestiona.*

provoca que el velo de los ojos caiga al suelo. Hoy en día, muchos matrimonios caminan con el velo de los celos, la intolerancia, el maltrato y el abuso, entre tantos otros. Todo esto produce un estancamiento de la relación. Sientes que por más que caminas no llegas a la meta. Por eso la Palabra nos enseña en Proverbios 14:12:

"Hay caminos que al hombre le parecen derechos,
pero su fin es camino de muerte".

Luego del entendimiento viene la visión y el salmista expresó: "te enseñaré".

Para fines de agosto del 2012, fui sometido a una operación de corrección visual con láser. Hasta ese momento, la condición para funcionar cabalmente en mis tareas cotidianas estaba sujeta al uso de anteojos. Todo lo que veía sin ellos era distorsionado e imperceptible. Luego que fui intervenido, la primera sensación que experimenté esa noche luego de la recuperación, fue la claridad con la que podía ver. Era algo asombroso. Descubrí en mi hogar detalles que nunca había visto en los nueve años que llevamos viviendo en nuestra residencia.

Algo similar es lo que experimentarás luego que el velo de tus ojos caiga al suelo. Comenzarás a ver lo que antes no veías; lo que era distorsionado e imperceptible cobrará un nuevo sentido. Verás con claridad la importancia de una relación sana y restaurada, te fijarás en los detalles hermosos de tu matrimonio que antes el velo no te permitía ver. De repente disfrutarás a cabalidad de aquello que desde años has tenido, pero no valorabas: tu familia.

La ruta hacia la restauración de tu matrimonio y de tu familia es una decisión que no debes postergar más. En la medida que retrases el proceso de la obediencia a los principios establecidos en la Palabra de Dios, caminarás con el velo de la terquedad y la prepotencia. El camino de tu sanidad matrimonial fue construido a precio de sangre; lo construyó Jesús. Él es el arquitecto de tu restauración, el constructor de tu sanidad y el obrero de tu transformación. Él fue el que dijo:

"Yo soy el camino, la verdad y la vida".

—JUAN 14:6, NVI

Renunciar a todo lo que estábamos acostumbrados para supuestamente tener la razón y ajustar nuevas tendencias a nuestro hogar fue un camino difícil de recorrer. Llegaban momentos en que nuestras actitudes trataban de interponerse, pero Dios no lo permitió y realmente nos dimos cuenta que los dos estábamos luchando por nuestro amor. Queríamos que nuestra familia sobreviviera y por obediencia a Dios, lo logramos. Nuestra ruta hacia esa obediencia fue a través de las siguientes herramientas de bendición:

1. DIOS COMO CENTRO DE NUESTRO HOGAR

A ambos nos costó restaurar nuestro hogar. Poner en orden las cosas conlleva esfuerzo, entrega y compromiso. Si queríamos obtener la victoria, debíamos realizar cambios drásticos en nuestros caracteres. Debíamos dejar que Dios obrara en cada uno de forma individual. Para que

Dios pudiera obrar en nosotros, primero permitimos que Él se estableciera como centro de nuestro hogar. Comenzamos a leer su Palabra y a obedecerla. De pronto, nos percatamos de que estábamos cambiando gracias a que la Palabra había impregnado nuestro corazón, y al impregnarlo, nuestro corazón nos daba dirección.

> *El camino de tu sanidad matrimonial fue construido a precio de sangre; lo construyó Jesús. Él es el arquitecto de tu restauración, el constructor de tu sanidad y el obrero de tu transformación.*

Nos comenzamos a comunicar con respeto. Nuestra forma de hablar cambió, Luis comenzó a mirarme a través del filtro de los ojos de Dios y yo a él también. Vi su corazón, su esfuerzo y sus deseos de luchar por defender y transformar nuestro matrimonio. Orar juntos nos fortaleció y provocó en cada uno la necesidad de cubrir al otro en oración, aunque este no lo supiera. Me sentía segura y amada profundamente por mi esposo. Cada uno comenzó a interesarse por lo que hacía el otro. Dios tomó control de nuestro hogar y el ambiente era distinto, había una luz diferente, había alegría, pero sobre todas las cosas, había un amor inquebrantable del uno hacia el otro.

Dios es el único que puede realizar cambios en la naturaleza del hombre o de la mujer. Él es el único que conoce realmente tu corazón, tus secretos y tus pensamientos. En un matrimonio hay un orden bíblico establecido y si

no lo seguimos, estamos en desobediencia. 1 Corintios
11:3 (NVI) nos dice:

"Ahora bien, quiero que entiendan que Cristo es
cabeza de todo hombre, mientras que el hombre
es cabeza de la mujer y Dios es cabeza de Cristo".

La Biblia también nos enseña en Colosenses 3:18 (NVI):

"Esposas, sométanse a sus esposos, como conviene
en el Señor".

Ordenar nuestro hogar y seguir estas ordenanzas
pondrá fin a todo

> *Dios es el único*
> *que puede realizar*
> *cambios en la*
> *naturaleza del hombre*
> *o de la mujer.*

conflicto que quiera
interponerse entre
nosotros y Dios. Esto
es vivir a la manera
de Dios. Vivir a la
manera de Dios establece el Reino de Dios en la tierra.
Los matrimonios que leen la Palabra de Dios y oran
juntos tienen un panorama muy distinto a los matrimonios que arrinconan a Dios. Cuando lo colocamos a Él en
el lugar que le corresponde, se establece en la pareja un
vínculo emocional y una responsabilidad moral. Ciertamente tendrán una comunicación más íntima entre ellos
y con Dios.

Leer la Palabra te instruye para poder vivir y enseñar
a otros a través de tus acciones. Transforma lo que más
causa problemas en un matrimonio: el carácter. Nuestro
carácter debe morir para que el carácter de Dios habite

en nosotros y podamos actuar, contestar, escuchar y servir a la manera de Él.

Orar juntos nos da la confianza de intimar con nuestro cónyuge y comunicarnos efectivamente. Orar juntos nos ratifica que estoy cubierto por Dios gracias a las oraciones de mi esposo o esposa. Recordar durante el día las peticiones de Luis y orar por él me hace sentir que estoy ayudándolo a alcanzar lo que se ha propuesto, que estoy intercediendo para que se abran puertas y que estoy cuidándolo con un escudo.

> *Transforma lo que más causa problemas en un matrimonio: el carácter.*

Cuando a Dios se le permite establecerse en un hogar, suceden varias cosas:

1. Se diluye toda la opresión del enemigo que esté acarreando condiciones nefastas al matrimonio y por ende, a la familia entera.

2. Se desata una agradable armonía que reafirma los cimientos del hogar.

3. Se engendra un ambiente lozano que es parecido a la calma luego de la tempestad.

4. Se rompen cadenas de maldición, desencadenando una incontenible y fastuosa lluvia de bendición.

5. Se aclaran los pensamientos y la vista se despeja, haciendo posible ver con claridad el propósito de Dios para nuestras vidas.

2. LOS CONSEJOS DE UN PASTOR

La segunda herramienta crucial para nuestra victoria, que nos ayudó mucho en todo el proceso hacia la obediencia, fue la consejería. Nos confrontamos teniendo un mediador, quien nos enseñó a manejar de forma efectiva los conflictos. Al principio no fue nada fácil relatar que estuvimos viviendo por dos años un patrón de violencia, pero poco a poco nos fuimos perdonando las agresiones, las faltas de respeto y las palabras lacerantes. Me costaba mirar los ojos de Luis, pues sus ojos siempre han expresado lo que hay en su corazón. Siempre ha tenido en su mirada una profundidad que revela su emoción. Me quebrantó profundamente reconocer en un principio que lo había lastimado tanto, que había pisoteado descaradamente su hombría y había arremetido contra su naturaleza. Los beneficios de la consejería se manifestaron cuando decidimos pedirnos perdón y renovar el pacto que habíamos fracturado.

Lastimar y herir revelan una cobardía intrínseca, mientras pedir perdón y humillarse expresan una extraordinaria valentía. Cuando el matrimonio se compone de penas y problemas, se evapora toda la madurez de ambos cónyuges y se confecciona una batalla de poder entre las partes que desemboca en una solución que quizás

> *Lastimar y herir revelan una cobardía intrínseca, mientras pedir perdón y humillarse expresan una extraordinaria valentía.*

ni fue deseada. Pero si se mantiene la comunicación y quien dirige el matrimonio es Dios, habrá bendición en abundancia aunque ocurran las crisis.

Las consejerías son un "911" para las parejas. Expresar lo que te duele delante de un pastor o consejero te libera del coraje y te impulsa a actuar con cuidado para no lastimar ni ser lastimado. Ahora que mi esposo y yo somos pastores y consejeros, nos damos cuenta de la gran responsabilidad que es dar un consejo sabio. Poder participar en la restauración de una relación matrimonial es una sensación inexplicable que nos conmueve y nos hace evaluar nuestra propia vida.

Hemos aconsejado a muchas parejas que han tenido crisis muy fuertes en su matrimonio y llegan a decirnos en la primera consejería que no hay remedio. Dios nos revela lo que hay detrás de sus palabras y en muchas ocasiones hemos visto la esperanza y el amor.

> *Buscar consejería en momentos de crisis es una decisión inteligente.*

Luchamos juntos para obtener los mejores resultados en un proceso que comienza pero que no termina, pues en el matrimonio siempre hay tiempos buenos y algunos no tan buenos. Es en esos momentos donde la madurez se acrecienta y la ejecución debe ser cautelosa, pero firme.

El pastor que nos aconsejó realmente luchó para que nosotros obtuviéramos la victoria sobre nuestra situación. Aun tratándose de violencia doméstica, él no se dejó llevar por las estadísticas de un rompimiento total, sino creyó en el amor que vio entre nosotros y vio que nuestra situación terminaría en una completa restauración. Buscar consejería en momentos de crisis es una decisión inteligente. Las personas que atraviesan momentos oscuros en sus vidas no lo reconocen porque temen darse cuenta de que realmente están mal. Reconocer significa doblegar el orgullo y hablar con alguien sobre algo tan personal es lo más parecido a una humillación. No se dan cuenta de que buscar ayuda profesional es el paso más valiente. Se requiere de valentía para hablar de algo que duele. Se requiere de valentía hablar de algo que te avergüenza. Se requiere de más valentía cuando vencemos las apariencias y decidimos ser nosotros mismos, tal cual somos. Las máscaras se destruyen para dar paso al verdadero yo: una persona que comete muchos errores, pero puede subsanarlos realizando cambios.

3. Parejas con testimonio

Comenzamos a rodearnos de parejas espiritualmente maduras, parejas de matrimonios que sabían cuáles eran nuestras debilidades y fortalezas, personas incondicionales y leales que nos apoyaron, pero también nos reprendieron en momentos determinados. Estas parejas fueron para nosotros modelos a seguir y eso nos impulsaba a seguir luchando. Había momentos en que sucedían situaciones estresantes, pero ya teníamos a dónde ir a buscar ayuda o simplemente a desahogarnos. Una de esas parejas son nuestros compadres Carlos y Rosse. Ellos fueron testigos de lo que vivimos, supieron los momentos más difíciles, pero vieron cómo Dios nos levantaba justo delante de sus ojos. Ellos se maravillaron por la obra de Dios y permanecieron a nuestro lado como atalayas, cuidando a sus amigos. Siempre estaremos agradecidos por su consistencia y consejos sabios en momentos determinantes. Han pasado años, ya no viven en Puerto Rico, y aún así sienten la necesidad de llamarnos para ver que estemos bien como pareja y como ministros. La función de cuidar de nosotros siempre ha seguido y nos une como familia.

Hay parejas que realmente son ejemplos ante otros. Han establecido dentro de su hogar un estilo de vida de obediencia y sujeción a lo que establece la Palabra de Dios. Mirar parejas como esas puede darnos luz sobre lo que Dios quiere en el matrimonio, pero nuestra mirada siempre debe estar puesta en el Señor. Nuestra admiración nunca debe llegar a la idolatría. Toda nuestra adoración debe dirigirse única y exclusivamente al Rey de reyes y Señor de señores, Jesucristo.

A lo largo de los años, hemos visto a parejas que abandonan la iglesia porque falló alguien a quien admiraban o porque los pastores no dieron buen testimonio. Dios debe ser nuestro centro, nuestro refugio, nuestro guía y nuestro sostén. Cuando venga la recia tormenta de ver caer a alguien a quien admiramos, en vez de alejarnos podemos ser de ayuda, no para juzgar, sino para cubrir en oración.

Crear este grupo de apoyo de parejas saludables es una bendición para los matrimonios que atraviesan alguna situación adversa, no tan solo porque se convertirán posiblemente en grandes amigos con quienes puedes hablar de todo, sino porque serán el freno que impedirá que las aguas se desborden cuando se acrecienta el río de la discordia.

4. CREAR UNA CULTURA DE BENDICIÓN

Cambiar hacia la cultura de bendición en nuestro hogar fue determinante en todo este proceso. Ya no existían palabras hirientes; esas palabras de maldición se cancelaron completamente. En todo momento teníamos muy presente en nuestra mente que cuando habláramos, debíamos decir las cosas de la mejor manera. Mi estilo de hablarle a mi esposo cambió rotundamente. Empecé a honrarlo como sacerdote del hogar. Le agradecía por cualquier cosa, aunque esta fuera minúscula. Él se empezó a sentir tan bien en su casa, que comenzó a llegar más temprano. Si era yo la que llegaba más tarde, a quien primero saludaba era a mi esposo. Hacía lo que fuera por que sintiera el profundo amor que tenía por él.

Esto nos llevó a sentarnos con Paula cuando ya podía entender lo que nos pasó. Le dijimos la manera hermosa en que obró Dios, pero lo más importante es que le pudimos pedir perdón a nuestra hija. Aún cuando no entendiera claramente qué estaba perdonando, ese proceso se dio por el beneficio de ella. Nuestra hija en estos momentos es una joven que sirve en la iglesia, confía en nosotros y ama y cela profundamente las cosas de Dios. Es una joven con decisiones muy firmes y estamos convencidos que se levantará como una gran líder para llevar la Palabra de Dios a dondequiera que vaya.

La cultura de bendición es algo que se ha perdido con el pasar de los años. Antes veías a los niños y jóvenes llegar a los hogares y pedir la bendición. Ahora es común ver a hijos entrar al auto de sus padres en la tarde y el padre o la madre sigue hablando por teléfono, mientras el hijo mira para otro lado. ¡Cero comunicación y nada de bendición!

De igual forma pasa con los matrimonios. Durante el noviazgo es chulería total; las palabras te hacen volar alto. Pero llegan al matrimonio y la rutina alimenta los deseos de no hablar. La esposa le puede preguntar al esposo: "¿Cómo me veo?", y él sin mirarla, le contesta: "¡Bien!" "¡Pasable!". Llegan a la fiesta y ella se da cuenta que el traje le quedaba como un saco de papas, o peor aún, está descosido en el costado debajo de la manga. Entonces pasa la noche sin mover el brazo, loca por llegar a la casa para desatar todo lo que tiene que decirle a su marido y que este experimente por lo menos lo que ella sintió. Eso no va a pasar y solo provocará ira entre los dos.

Los seres humanos tendemos a tratar a los de afuera mejor que a la familia. No valoramos a nuestro cónyuge o a nuestros hijos. ¡Eso debe cambiar! Expresar palabras de bendición en el hogar trae como consecuencia la bendición de Dios. Las palabras de bendición impulsan a lograr sueños, promueven un desarrollo sano en el seno del hogar y aseguran la integridad y la identidad de los miembros de la familia. En Salmos 119:103 (NVI) dice:

"¡Cuán dulces son a mi paladar tus palabras! ¡Son más dulces que la miel a mi boca!".

¡Qué hermoso sería que alguien dijera eso de nuestras palabras! No es imposible. Se puede lograr creando una cultura de bendición en tu casa. Las mejores frases deberían salir de las bocas de las personas que viven bajo el mismo techo. Las palabras bien habladas distinguen a un hijo de Dios. Sea hombre o mujer, un hijo de Dios debe tener siempre en sus labios palabras dulces y apacibles. Podemos decir algo correcto y nuestra forma de decirlo y nuestros ademanes lo pueden convertir

> *Las palabras de bendición impulsan a lograr sueños, promueven un desarrollo sano en el seno del hogar y aseguran la integridad y la identidad de los miembros de la familia.*

en un insulto. Si por el contrario, decimos algo correcto en una forma correcta, no habrá cabida para la contienda ni los malos entendidos y mucho menos para la agresión.

5. Altar familiar

Esta es una de las cosas que fortaleció los estandartes de nuestro hogar. El altar familiar se hizo parte crucial de nuestra familia. Es un distintivo que no podemos dejar pasar.

> *Las mejores frases deberían salir de las bocas de las personas que viven bajo el mismo techo.*

Elaboramos un tiempo en el que nada ni nadie puede estorbarnos. Es el momento más preciado en la semana.

Desde que lo integramos en la casa, ha sido una bendición para todos.

El altar familiar fue el foro en el que por primera vez mi esposo y yo hablamos sin dolor de lo que pasamos, sin intermediarios. Fue el foro en el que nos miramos fijamente y pudimos decirnos frente a frente, "ya no duele". Fue el foro en el que nos abrazamos y solo el silencio y el sonido de nuestros sollozos sellaron el final de una época dolorosa para dar comienzo a la nueva etapa de ser preparados para el servicio: la nueva etapa de ser preparados para compartir lo que Dios nos ha enseñado con una experiencia vivida que terminó en victoria.

Nuestras hijas aman este tiempo en que les dedicamos toda nuestra atención y en el que han experimentado la presencia del Señor. Ellas saben que hay un Dios vivo que habita en nuestro hogar y en nuestros corazones. A ese Dios lo alabamos y lo adoramos juntos cada semana, sin restricciones. Los resultados del altar familiar han sido muchos, pero el más significativo es la manera en que nuestras hijas han aprendido de la Palabra de Dios. Ellas conocen mucha Biblia por todo lo que se ha enseñado en casa, junto a mamá y papá. Eso no tiene precio.

¡GRACIAS!

Todo este proceso puso nuestro hogar en orden y no hay palabra más grande que un ¡Gracias! Gracias al Dios de los cielos porque su amor nos volvió a unir para hacer las grandes cosas que quiere que hagamos. Gracias porque hemos levantado una familia que se creía que estaba en cenizas. Gracias porque aunque pasamos tiempos muy duros de dolor y angustia, Dios nos guardó.

> *Salvar a nuestra familia fue un honor; un privilegio otorgado por Dios.*

La restauración de una familia toma tiempo. Renovar la comunicación y la confianza no son cosas como poner un yeso y en dos semanas...¡ya está! La cruda realidad es que vivimos tiempos de dolor durante la restauración. Enfrentar y reconocer nuestros malos tratos causó mucha inseguridad. Nos estábamos despojando de una ropa áspera para quedarnos desnudos. Luego, cada pieza que nos colocábamos para volvernos a vestir ya era más suave y refinada.

No tengo palabras para expresar lo que se siente haber luchado por mi familia. Salvar a nuestra familia fue un honor; un privilegio otorgado por Dios. Dios tenía un propósito que debía cumplirse y en eso estamos, haciendo lo posible por ayudar a otros en lo que Dios nos ayudó a nosotros: ¡salvar a las familias!

PARA RESPONDER Y PENSAR:

1. ¿Qué es obediencia para ti? ¿Por qué es tan difícil vivirla?

2. ¿Porqué Dios debe ser el centro de tu hogar? ¿Qué implica tenerlo cerca y depender de Él? ¿Será importante en un matrimonio? Explica.

3. ¿Qué diferencia hace en un matrimonio aceptar un buen consejo? ¿Podrá la consejería aportar a la dinámica del matrimonio? ¿Podrá el orgullo ser un factor para no buscar ayuda? ¿Por qué?

4. ¿Qué es rendir cuentas? ¿Por qué es tan necesario?

5. ¿Qué impacto puede traer el altar familiar a nuestros hijos? ¿Crees que pueda contribuir a mejorar la comunicación con los padres?

Capítulo 13

ALCANCEMOS EL INVENCIBLE AMOR DE LA VEJEZ

POR LUIS Y CYNTHIA ROIG

*"Las muchas aguas no podrán apagar
el amor, ni lo ahogarán los ríos".*
—CANTARES 8:7

EN EL PACTO que hacemos ante el altar con Dios y nuestro cónyuge, juramos amar para toda la vida. Durante el matrimonio, terminamos de desarrollarnos como individuos. Perseguimos, culminamos y logramos nuestras metas y sueños personales, de pareja y de familia. En medio de esto, como pareja pasamos por etapas cuyo impacto depende de cómo nos preparemos para cada una de ellas. El matrimonio por sí mismo encierra muchas sorpresas, unas más agradables que otras. Está en nosotros prever y planificar las etapas que sí sabemos que van a ocurrir, de manera que traigan menos conflicto a nuestras relaciones de pareja y logremos superarlas logrando un matrimonio cada vez más sólido y feliz.

Todo empieza en el noviazgo, la oportunidad de conocerse seriamente y organizar detalles que sabemos que forman parte de estar casado. El noviazgo no es una prueba de perfume. Debe ser el tiempo de conversar seriamente sobre el matrimonio y reconocer que este trae consigo muchas responsabilidades. Mi gran amigo Guillermo Aguayo me enseñó este principio que he aplicado a la vida de mis hijas: "Grandes amistades, noviazgos cortos, matrimonios para toda la vida".[1] Algunos asuntos parecen carecer de importancia, pero en la convivencia, lo que consideramos "tonterías" a veces provocan discordia. Por eso es necesario hablar, hacernos preguntas, contestarlas y hacer acuerdos de antemano.

- Presupuesto—¿Cuánto ganamos entre los dos? ¿Cuánto necesitamos para cubrir nuestros gastos? ¿Cómo será nuestro plan de ahorros y de retiro? Hagan un presupuesto real de gastos e ingresos. Decidan si uno de ustedes tiene más destrezas que el otro en manejar los detalles financieros, pero consúltense las decisiones.

- ¿A qué me enfrento al casarme? ¿Cómo van a ser mi vida y mi rutina diaria?

- ¿Quién llega primero del trabajo que pueda adelantar tareas como la de cocinar?

- ¿Quién lava los platos y recoge la cocina?

- ¿Quién lava los baños?

- ¿Quién limpia la casa?

- ¿Quién hace la compra?

- ¿Cuántos hijos vamos a tener? ¿Cuándo los vamos a tener?

Estamos en un mundo donde es muy fácil el acceso al conocimiento. La peor excusa para cometer un error o sabotear una relación es "no sabía". La ignorancia no es el resultado de la falta de acceso al conocimiento, sino la obstinación de no querer aprender.

> *"Grandes amistades, noviazgos cortos, matrimonios para toda la vida".*

Sean lo suficientemente sabios como para estar dispuestos a aprender todo el tiempo sobre el matrimonio y cómo mejorarlo. Los sabios preguntan.

El Dr. Ed Cole dijo: "La suposición es el nivel más bajo del conocimiento".[2] No asumas nada; pregunta, indaga, infórmate.

Los siguientes detalles y muchos más deben resolverse por anticipado porque va a llegar la...

> *La peor excusa para cometer un error o sabotear una relación es "no sabía". La ignorancia no es el resultado de la falta de acceso al conocimiento, sino la obstinación de no querer aprender.*

PRIMERA ETAPA: CAMBIO DEL NOVIAZGO AL MATRIMONIO

Parece romántico, pero ese cambio ya es un conflicto. De la noche a la mañana, compartes el baño con alguien que tiene otros hábitos (tal vez deja el lavamanos lleno de pasta de dientes o jabón); duermes con otra persona (quizás ronca o da muchas vueltas), tienes que organizar una casa, y compartes responsabilidades y decisiones (no se supone que tomes decisiones sin contar con el otro). Es interminable la lista de cosas a las que la pareja tiene que adaptarse y creen que la sexualidad lo resuelve todo. Cuando nos casamos, nacemos a algo que no conocemos. Según un bebé nace y necesita cuidados, igual es el matrimonio.

Por eso es tan importante recibir consejería prematrimonial. Se estima que más del 85% de las parejas se divorcian entre el primero y el segundo año de casados si no han recibido consejería prematrimonial. Esa etapa es un proceso de conocerse conviviendo y requiere tolerancia y paciencia. Si sobreviven, empieza a haber solidez en el matrimonio.

> *"La suposición es el nivel más bajo del conocimiento".*

SEGUNDA ETAPA: LA LLEGADA DE LOS HIJOS

Cuidado con que la casa no se vuelva niñocéntrica. Cuando nacen, los hijos llegan a una relación o familia establecida y lo integramos a él o a ella a la familia. Es cierto que las rutinas se alteran con la llegada de un bebé, pero debemos buscar un balance para que no ocurran conflictos en la pareja.

> *Se estima que más del 85% de las parejas se divorcian entre el primero y el segundo año de casados si no han recibido consejería prematrimonial.*

Después de los primeros 5 años de matrimonio, procura que tu pareja y tú desarrollen fortaleza emocional, espiritual y conyugal. Como hicimos nosotros, consoliden su dependencia de Dios y rodéense de gente edificante que les apoyen en momentos no tan fáciles. Forma parte de una cultura de rendición de cuentas que te propicie consultarle a alguien sabio cualquier situación que te inquiete y le

> *Cuidado con que la casa no se vuelva niñocéntrica.*

permitas una confrontación que te siga llevando por el mejor camino.

Aunque les dediques mucho tiempo a tus hijos, invierte tiempo en tu relación de pareja para que haya un "nosotros" fuerte y feliz en la próxima etapa de tu matrimonio.

Tercera etapa: el nido vacío

Cuando los hijos son adultos y se van del hogar, el matrimonio se estremece y entra en conflicto si no se prepararon como pareja. Con frecuencia, las parejas pusieron todos sus esfuerzos e invirtieron su tiempo solo en sus hijos y no abonaron en su relación. Por eso

> *Forma parte de una cultura de rendición de cuentas que te propicie consultarle a alguien sabio cualquier situación que te inquiete y le permitas una confrontación que te siga llevando por el mejor camino.*

vemos romperse matrimonios después de 25 o 30 años de casados. Los hijos se van y quedan dos que no se conocen, no se hablan, viven en sus rutinas y se fractura el seno del hogar en su raíz, que es la pareja. Su acelerador se detuvo porque se invirtió todo en los hijos.

Ten presente tu futuro matrimonial y la compañía del amor de tu vida durante tu vejez. Desde el principio, hagan un esfuerzo en dedicarse el uno al otro un día a la semana y afianzar la familia de dos. Disfruta tu descendencia junto a tu pareja porque nuestros hijos son la consecuencia del matrimonio, pero cuando los hijos se van, quedamos nosotros. La garantía de que nuestros hijos le sirvan al Señor es nuestra relación matrimonial y lo que han visto y ven en ella. Somos la plataforma desde donde ellos afianzan su fe.

CUARTA ETAPA: DESPUÉS DE LOS 50

Después de los 50 años de edad tanto mujeres como hombres no tienen la misma fuerza de la juventud y muchos hombres no pueden canalizarlo adecuadamente. Empiezan a teñirse el cabello, a

> *Desde el principio, hagan un esfuerzo en dedicarse el uno al otro un día a la semana y afianzar la familia de dos.*

hacer ejercicios, a incluir en su agenda hábitos nuevos que enajenan a su pareja y la separan emocionalmente. Esas conductas no resuelven los efectos del paso de los años.

Por su parte, muchas mujeres se niegan a envejecer. Viven para cambiar su apariencia, se hacen todo tipo de cirugía plástica y cambian hasta su estilo de vestir. No hay nada malo en eso si se hace por las razones correctas y se mantiene un balance en la relación matrimonial.

Esa etapa también se anticipa y se supera si nos aseguramos de cultivar una fuerte relación de pareja con Cristo como el centro desde que nos casamos. El amor maduro e incondicional que nace de una convivencia solidaria, honesta y llena de consideración puede rebasar esta y todas las etapas anteriores.

Admiro a esos ancianos que caminan en plazas o lugares públicos tomados de las manos y dándose besos realmente de amor. Admiro el amor que hay en ellos; amor maduro y limpio, lleno de recuerdos y experiencias que atesoran en sus corazones como si fuera un cofre lleno de joyas preciosas. Admiro su paciencia y la seguridad que les da haber pasado una vida al lado de alguien que los amó aún cuando ya habían perdido el candor de la juventud. Eso es amor: madurez, entrega, recuerdos, experiencias, llenura. Es la seguridad de que mi cónyuge estará a mi lado en la enfermedad y en el lecho de muerte, en la inconsciencia o en la senilidad.

> *Eso es amor: madurez, entrega, recuerdos, experiencias, llenura. Es la seguridad de que mi cónyuge estará a mi lado en la enfermedad y en el lecho de muerte, en la inconsciencia o en la senilidad.*

Cuando en un matrimonio maduro, uno muere, es como si se hubieran robado una parte de su corazón.

Lo vi en mi padre. Mi madre murió y él quedó abatido. Tuvimos que ver con dolor cómo él iba recogiendo poco a poco los pedazos de su corazón. Jamás pudo volver a los lugares que frecuentaba con ella y durante años no podía pronunciar su nombre sin quebrantarse. Se llevó las cenizas a la casa y no nos dijo ni dónde las había puesto para que no las sacáramos de allí. Siete años vivió recordando y diciéndonos: "La paciencia es la clave de un matrimonio. Así era mi Adela".

Mi padre también murió. Murió recordando a su adorada Adela. Se fue como un guerrero, luchando hasta el final. No leyó este libro porque todavía faltaban líneas por escribirse, pero me animó a hacerlo. "Porque es importante contar las historias", decía él. Estuve presente en su último suspiro y aunque mi tristeza era descomunal, me agradaba el hecho de que en ese instante se encontraría con Dios y volvería a ver al amor de su vida, la mujer que lo cautivó por años: su hermosa Adela. Jamás olvidaré cómo la cuidó y su manera de tratarla, como si fuera una flor. Era todo un galante caballero. Lo extraño y lo extrañaré por siempre, pues me enseñó lo que era capaz de hacer un padre por sus hijas, pero más que eso, me enseñó lo que era vivir una vida enamorado de la esposa que escogió. Gracias, Papi.

> "Sea bendito tu manantial, y alégrate con la mujer de tu juventud, como cierva amada y graciosa gacela. Sus caricias te satisfagan en todo tiempo, y en su amor recréate siempre".
>
> —PROVERBIOS 5:18-19

Para responder y pensar:

1. ¿A qué edad consideras que se debe comenzar una relación de noviazgo y cuánto tiempo debe durar? Explica.

2. ¿Qué aspectos consideras importante saber antes de hacerte novio(a) de una persona?

3. ¿Tienen un presupuesto familiar?

4. ¿Qué tiempo consideras prudente esperar para la llegada de un hijo a la casa? Si ya tienes hijos, ¿qué aspectos importantes tomarías en cuenta antes de tener otro? Explica.

5. Para no caer en el síndrome del nido vacío, ¿cuánto tiempo dedicas para estar solo con tu cónyuge?

6. Describe qué es para ti el éxito matrimonial.

Capítulo 14

¡LUCHA POR TU FAMILIA!

POR LUIS Y CYNTHIA ROIG

"Por mi parte, mi familia y yo serviremos al Señor".

—JOSUÉ 24:15, NVI

LOS SOLDADOS DEL ejército espartano se caracterizaban por luchar en todas sus batallas de una manera muy peculiar; ellos luchaban escudo con escudo. Era como crear una enorme pared impenetrable que protegía a todo el ejército. Algo importante de resaltar en esta historia es que para el soldado espartano era imperdonable tirar o lanzar su escudo al suelo. Dentro de las filas del ejército había un decir: "Mueres con escudo en mano o vienes sobre él". El motivo por el cual era algo imperdonable para el soldado lanzar al suelo el escudo era porque en él estaba grabado el símbolo de su familia. En otras palabras, si el soldado dejaba caer el escudo al suelo literalmente implicaba que estaba tirando su familia al suelo. Ellos reconocían que la motivación principal para obtener la victoria en cada batalla que enfrentaran era luchar juntos por sus familias.

En una ocasión estuvimos ministrando en un hermoso retiro de matrimonios de la Iglesia Discípulos de Cristo de Vega Alta, Puerto Rico. Allí tuvimos la bendición de conocer a dos hermosos matrimonios: uno llevaba cincuenta y tres años de casados y el otro apenas dos meses. En medio de la ministración del retiro, pusimos a cada uno de los matrimonios uno al lado del otro. Le dijimos al matrimonio de dos meses de casados: "Habrá momentos en su vida matrimonial que desearán lanzar al suelo el escudo de su familia, pero cuando este pensamiento venga a sus mentes, nunca olviden que tienen otro matrimonio al lado, un compañero de milicia que les ayudará a dar la batalla. Vean en ellos una fuente de sabiduría para luchar por su matrimonio. Pero por favor, jamás dejen caer al suelo el escudo de su familia".

La Biblia enseña en Proverbios 5:1:

"Hijo mío, está atento a mi sabiduría, Y a mí inteligencia inclina tu oído".

En nuestra vida matrimonial tenemos que identificar esa fuente de sabiduría que nos ayudará a mantener nuestro escudo. No pretendas que lo sabes todo. Este mismo matrimonio de cincuenta y tres años de casados se nos acercó al final del retiro para agradecernos por todas las cosas que habían aprendido.

En muchas ocasiones, vemos cómo la ignorancia y la terquedad provocan que muchos matrimonios decidan tirar al suelo el escudo de su familia. Te ruego en el nombre de Jesús: ¡Lucha por tu familia! ¡Pelea por lo que amas! Ante todo, adquiere a través del consejo la sabiduría necesaria para obtener la victoria. Hoy en día no existen excusas para no aprender. El conocimiento está sumamente accesible. Pero nada de eso será efectivo si no tomamos la postura del soldado espartano y decidimos luchar por nuestra familia. La ignorancia no es el resultado de la falta de conocimiento, sino de la obstinación de no querer aprender. La sabiduría es una inversión que la ignorancia nunca podrá pagar.

Es por eso que cuando vemos nuestro pasado, no nos sentimos orgullosos por lo que pasó. Ese fue nuestro caso y siempre que vamos a algún lugar a contarlo, expresamos que si alguna mujer o algún hombre es víctima de maltrato, a la primera señal de violencia debe salir de ese ambiente. ¡Corra por su vida! La violencia no se mide o se estira; hay que aniquilarla de raíz.

Ya después de muchos años de haber pasado por ese tiempo tan dramático en nuestras vidas, Dios obró de forma maravillosa y transformó nuestra familia hacia el servicio. Luis y yo realmente nos dimos la oportunidad de que cada uno, de forma individual, tuviera un encuentro especial con Dios. Comenzamos a buscarlo y a tener intimidad con Él. Entonces decidimos comenzar a estudiar sobre temas de familia. Algo teníamos que hacer para que tuviéramos el conocimiento en la materia. No todo debía basarse en nuestra experiencia y en la manera en que Dios nos transformó. Hay tantos casos diferentes de crisis, que realmente

> *¡Lucha por tu familia! ¡Pelea por lo que amas!*

> *La ignorancia no es el resultado de la falta de conocimiento, sino de la obstinación de no querer aprender.*

debíamos estudiarlos. Este tiempo nos ayudó mucho a prepararnos para lo que Dios quería que hiciéramos y hacia eso nos dirigimos.

En estos momentos, somos pastores de la Iglesia Casa del Padre en Trujillo Alto, Puerto Rico. La misión de la iglesia es transformar a la familia a través del "abrazo del Padre". Esta misión nos lleva a que cada familia que entre por nuestras puertas sea transformada por el poder de Dios, a través de su Palabra. Ha sido un verdadero privilegio honrar a Dios en todo momento y pastorear vidas. Nuestra iglesia es joven, pero domingo tras domingo hemos visto la restauración de vidas en rebeldía, la unión de familias en crisis, el servicio de personas leales. Sobre todas esas cosas, nos sentimos útiles porque estamos haciendo la voluntad de nuestro Señor. Realmente podemos decir que estamos en el centro de la voluntad de Dios.

En una ocasión vino a la iglesia una familia donde todos estaban completamente destruidos. Ella había arremetido con violencia sobre su esposo porque ya no podía más con la situación que estaban atravesando. Su esposo era lector de revistas pornográficas y a ella no le agradaba eso. Cuando comenzamos consejerías, nos dimos cuenta de que ella tenía que hacer unos ajustes en su carácter y en la forma en que se conducía hacia él. Siempre se pasaba señalando sus defectos y con una desconfianza extrema.

En un momento, ya él había soltado los guantes, se rindió y se fue de la casa. Ella llegó destruida a nuestra oficina a contarnos lo sucedido. En ese momento, la escuchamos y le recomendamos que cuando lo volviera a

ver, lo recibiera de una forma muy distinta: en vez de
arremeter con furia, que lo tratara con cariño a pesar
de su enojo. Ella nos miró con asombro y nos dijo que
eso era fuerte y que no sabía si lo podría hacer. Le
explicamos que las personas cuando tienen contiendas,
especialmente en el matrimonio, elevan sus defensas a
un punto extremo esperando una agresión, pero cuando
se encuentran con algo inesperado, esas defensas se de-
rrumban. El que él llegara a la casa y encontrara, en vez
de contienda, a una mujer cariñosa y dispuesta a dialogar,
iba a ser la diferencia. Ella vio de inmediato el cambio.
En la próxima consejería, él dijo algo que ella no esperaba. Él la miró y nos dijo con la voz quebrada: "Por primera vez, ella me miró con amor".

La Palabra nos enseña en 1 Pedro 4:8 (NTV):

> "Lo más importante de todo es que sigan demos-
> trando profundo amor unos a otros, porque el
> amor cubre gran cantidad de pecados".

Cuando él experimentó el poder del amor incondicional que su amada esposa le demostraba, comenzó su
proceso de la restauración de su hombría y abandonó la
adicción a la pornografía. Hoy día, es un hombre de Dios
que reconoce que el amor lo transformó y que su estilo
de vida pecaminoso e inexcusable estaba provocando
que el escudo de su familia cayera al suelo.

Esas son las cosas que Dios nos ha permitido vivir
para que continuemos en la lucha por las familias de
nuestra isla del Cordero. También a raíz del llamado que
Dios nos ha dado, para septiembre del año 2009, visité

el Perú para asistir a la Cumbre Internacional Salvemos a la Familia. Allí pude estrechar aún más los lazos de amistad y compañerismo con nuestros grandes amigos Guillermo y Milagros Aguayo. Ellos son los fundadores de este movimiento, que está transformando a toda Latinoamérica y al resto del mundo.

Al observar lo que allí sucedía, el Espíritu Santo habló a mi vida diciendo: "Puerto Rico necesita esta transformación en las familias". Fue como una llamada del centro de emergencias diciéndome: ¡Avanza porque la familia está en peligro! Al regresar del viaje le compartí a mi amada esposa sobre todo lo acontecido y cómo el Espíritu Santo había hablado contundentemente a mi vida sobre la urgencia de comenzar a realizar esta conferencia en Puerto Rico. Comenzamos a orar por esta petición y para fines del mes de diciembre decidimos obedecer la voz de Dios, aún considerando que la congregación de nuestra iglesia era de apenas quince adultos y no contábamos con los recursos económicos para costear dicho evento. Con todo este panorama nos lanzamos en fe, reconociendo que todo lo que Dios realiza en nuestra vida, lo hace desde la base de la imposibilidad y la esterilidad. En junio del año 2010 fuimos los anfitriones de nuestra primera conferencia.

"Salvemos a la Familia-Puerto Rico" nace en el corazón de Dios y es una conferencia que incluye plenarias y talleres específicamente sobre temas de familia. En estos tiempos es muy necesario volver a la raíz. Hay que salvar algo que las corrientes modernas de la convivencia y el deterioro moral han estado atacando. Dios nos ha mandado a luchar por una nueva generación, a levantar hombres y mujeres dispuestos a ser buenos padres y buenos esposos o esposas. El propósito primordial de esta conferencia es sanar a la novia, la Iglesia, y prepararla para que lleve un mensaje claro y enfático sobre la importancia de tener una familia y no un espejismo.

Hemos tenido testimonios impactantes de parejas que han restaurado sus vidas a través de esta conferencia. Por ejemplo, está el caso de una pareja que habían estado casados durante nueve años, pero el maltrato y la bebida hicieron que su divorcio fuera inminente. Luego de divorciados, los dos fueron a la iglesia a restaurar sus vidas y el corazón de cada uno fue transformado. Él, tan pronto se dio cuenta de su error, le pidió que volvieran, pues tenían una hija y él quería recuperar a su familia, pero ella no confió y se negó rotundamente a volver. Años después se enteraron de la conferencia y el pastor de ambos (iban a la misma iglesia) los envió.

Fue en "Salvemos a la Familia-Puerto Rico" que ella escuchó en una de las plenarias que nosotras las mujeres debemos ver a nuestros esposos como Dios los ve. Esa frase se le clavó a ella en su corazón y su mente cambió de forma instantánea. Al salir del tercer día de conferencia, él con voz temblorosa volvió y le dijo: "¿Te gustaría ser mi novia?". Ella, sin pensarlo, le dijo: "¡Sí!". Se fundieron en un abrazo lleno de emoción y decidieron, cada cual viviendo en su casa, comenzar una relación de novios. ¡Esto es bello! Actualmente, ya están casados y somos los orgullosos padrinos de esta pareja.

Esta conferencia nos obligó a fundar el Instituto de

Desarrollo Familiar, que tiene como propósito educar a la población sobre temas de familias. En el Instituto ofrecemos cursos como "Mujer única", "Hombría al máximo", "Mis hijos y yo", "¿Está Dios en tu matrimonio?", "Retos de valientes", "10 mentiras que los hombres creen", "Preparándose para el matrimonio", entre muchos otros.

Te preguntarás: ¿Por qué educar sobre temas de familia? Porque es una institución que está siendo atacada. Ahora, cualquier excusa, cualquier desacuerdo, es razón suficiente para matar a la esposa, al esposo o a los hijos. Tenemos que educar a hombres que eduquen hombres y hacer cadenas para que su desenlace sea una descendencia firme y segura. Tenemos que levantar una generación de poder. Estamos criando a los futuros padres. Ellos serán los padres de nuestros nietos y a nuestros nietos hay que darles lo mejor: padres que tengan valores y principios.

Otro de los propósitos del Instituto es esparcir una semilla en tierra firme. Este es el momento en que Puerto Rico y el mundo necesitan reenfocarse. Si nos educamos, si nos instruimos sobre los principios que establece la Palabra para la familia, si obedecemos sus mandatos, si nuestro estilo de vida cambia al estilo de vida de Cristo, nuestras relaciones, nuestro entorno y nuestro futuro van a ser testimonios del cumplimiento de sus promesas.

La Palabra de Dios es una fuente inagotable para la restauración familiar. La Palabra no fue escrita para gente inteligente, sino para gente obediente y así lo digo siempre (Luis Roig). Establecer los principios de la

Palabra en medio de nuestro matrimonio y de nuestra familia no es un proceso opcional, sino decisional. Lucha por lo que amas, defiende tu descendencia, ármate de valor y esfuérzate cada día en dar lo mejor de ti.

Escuché una vez a un hombre predicar y me impactó lo que dijo: "Si un hombre es transformado, su comunidad es transformada; si la comunidad es transformada, su pueblo es transformado; si un pueblo es transformado, su país es transformado". Mira todo lo que podemos hacer con una familia a la vez; con una familia que pone su casa en orden.

> *La Palabra no fue escrita para gente inteligente, sino para gente obediente.*

TRES PÉRDIDAS IRREPARABLES

Hoy día, además de haber hecho todo lo que anteriormente les relaté, lo más importante es que tenemos un hogar sano. Luego de que fuimos restaurados por Dios, tuvimos un tiempo extremadamente doloroso: ¡perdimos tres bebés! Esas pérdidas pudieron haber sido el detonante para que Luis y yo nos separáramos, culpándonos el uno al otro, pero no fue así. La primera fue un aborto espontáneo, algo inesperado. Me sumí en una depresión terrible, pero mi esposo estaba ahí para apoyarme y levantarme. En la segunda, fue mi esposo el que se desmoronó. Él había decidido estar presente durante la intervención posterior al aborto, aunque yo le había dicho que no.

Un año después, volví a quedar embarazada. Al quinto

mes, fui a la consulta con la ginecóloga para saber el sexo del bebé. Todo iba bien, ella preparó la máquina del sonograma y comenzó a pasarla por mi barriga. Su rostro inexpresivo nos alertó de que algo no andaba bien. De pronto su mirada nos confirmó que realmente un suceso lamentable estaba ocurriendo. Aquellas palabras resonaron de forma casi ensordecedora en nuestros oídos: "El bebé está muerto". Un "no" agudo invadió la habitación, dando paso a la impotencia. A la semana, luego del proceso quirúrgico, desperté de la anestesia y mi esposo estaba a mi lado. Le dije que si era la voluntad de Dios que no tuviéramos otro hijo, la aceptaríamos. Los dos levantamos nuestras manos al Señor y lo adoramos. Dios nos había unido más con cada lamentable suceso y ya ninguna circunstancia nos separaría, ni nos separaría de Dios.

Al cabo de un tiempo, cuando menos lo esperábamos, fui a la doctora porque me sentía mal. La noticia me estremeció: "¿Qué le digo a Luis?", me pregunté. Estaba embarazada nuevamente. Le preguntaba a Dios por qué permitía que pasáramos por este dolor. Decidimos cambiar de doctor y fuimos a un especialista en embarazos de alto riesgo. Ya era mayor de los 35 y era de por sí un riesgo. Este embarazo fue uno muy complicado. Estuve varios meses en cama porque el canal de nacimiento se había acortado y tenía contracciones prematuras desde los cuatro meses de embarazo. Los últimos dos meses los pasé en el hospital, no pude ir al cumpleaños de Paula, no pude darle los regalos del Día de Reyes, pero esta vez el embarazo llegó a feliz término.

El 5 de febrero del 2006, nació nuestra hijita Emelyn

Alanis. Había llegado la hermanita anhelada. En completo silencio, el doctor me dijo: "Cynthia, mírala". Viré mi cabeza y vi aquellos ojitos mirándome fijamente. La llené de besos y se dejó porque sabía que era mamá quien la besaba. Por fin teníamos otra hija; completamos el cuarteto. Íbamos a llenar la cuarta silla vacía del comedor. Fue una victoria total que me hizo olvidar todos los meses que estuve postrada y todos los medicamentos que diariamente administraban a mi cuerpo. Emelyn había llegado.

Nuestras hijas aman a Dios por sobre todas las cosas, participan de nuestro altar familiar y nos apoyan en la iglesia, en la conferencia y en el Instituto. Consultamos todo como familia y como toda familia, de vez en cuando tenemos nuestras situaciones, pero ya no es lo mismo. La felicidad de tener a Dios en el hogar cambió nuestro rumbo. Todo lo que hacemos, aún lo más insignificante, es consultado con Él.

Miro a mi familia y estoy agradecida por todo lo que Dios ha hecho. Miro a mi esposo y veo a un gran hombre de Dios, luchador incansable para las cosas de su Padre. Es como él mismo dice; le gusta su trabajo secular, pero su pasión es servirle a Dios. Es un esposo maravilloso, amoroso, me siento cuidada y valorada. Demuestra su amor hacia mí a la menor provocación. A veces cuando más angustiada he estado, un mensaje de texto con un "te amo" es más que suficiente para iluminar mi día. Nuestro amor ha trascendido a un nivel al que solo se llega teniendo a Dios como centro.

Mis hijas son esos pétalos delicados a los que con

extremo cuidado dedicamos nuestra vida. Son una herencia preciosa que hace sentir privilegiado a cualquier padre. Paula Camila es sumamente inteligente y palabras como las que dice su maestra: "Es la estudiante que cualquier maestro quisiera tener", muestran no tan solo la parte intelectual de nuestra hija, sino también su carácter. Nos sentimos honrados de tener en nuestra casa a una joven tan especial, tan sensible a Dios y amorosa. Ha pagado el precio de ser hija de pastores, pero ella sabe que nunca la iglesia, ni ninguna otra cosa, irán por encima de ella.

En cuanto a Emelyn Alanis, ¿qué les puedo decir? Dios nos regaló un pedazo de cielo. Ella es sumamente amorosa. Cuando hemos tenido situaciones terribles en el ministerio y llegamos cansados a casa, su amor, sus abrazos y palabras como "te amaré por siempre", derriban toda carga y nos inundan de amor. Emelyn llegó a nuestra familia cuando tenía que llegar. ¡Alabado sea Dios!

En Josué 24:15 (NVI) al final del versículo dice:

"Por mi parte, mi familia y yo serviremos al Señor".

Eso lo declaramos en nuestra familia y hemos visto el fruto. Los cuatro servimos a nuestro Dios. Paula canta hermoso y toca el piano; ha dedicado sus talentos al Señor. Emelyn es una adoradora desde que nació. Sin saber casi caminar, ya movía la serpentina con soltura. Ella es la danzadora en nuestro altar familiar.

Somos privilegiados porque tomamos la decisión correcta. Espero que tú también la hayas tomado. No esperes a que te arropen la violencia y el sufrimiento, o a llegar al divorcio para buscar ayuda y sanar. Simplemente, toma la mejor decisión: Dios en ti y en tu matrimonio.

La familia tiene esperanza. No habrá nada que pueda atentar contra ella. Dios está colocando emisarios en cada lugar de la tierra para que luchen por ella y la defiendan de las corrientes que quieran destruirla. No te canses de buscar a Dios, no te desanimes en medio de la situación que haya en tu hogar. Capacítate y Dios te dará sabiduría. La Palabra de Dios nos dice en Proverbios 4:8:

> "Si valoras la sabiduría, ella te engrandecerá, abrázala y te honrará".

La sabiduría te trae unos beneficios que nada que provenga de la naturaleza humana puede darte. La sabiduría te hace valorar la vida misma y la de otros. Abrázala para que puedas impartirla sobre tu descendencia y traiga honra a tu familia de generación en generación.

PARA RESPONDER Y PENSAR:

1. ¿Sientes que estás luchando solo(a) en el matrimonio?

2. ¿Cómo ayudaría el poder luchar juntos por la restauración? Explica.

3. ¿Conoces familiares, amigos o compañeros de trabajo que estén atravesando una crisis matrimonial?

4. ¿Cómo tu ejemplo de restauración matrimonial podría ayudarles?

Epílogo

PRINCIPIOS BÍBLICOS PARA SITUACIONES DEL MATRIMONIO Y LA FAMILIA

POR LUIS ROIG

HASTA AQUÍ, CYNTHIA y yo te hemos provisto de herramientas valiosas para proteger y restaurar tu matrimonio. Has leído nuestro testimonio, fiel y transparente, como evidencia real de que con Cristo como centro, puedes ser feliz en tu matrimonio o restaurarlo si estás pasando por una crisis. Te hemos facilitado herramientas de vida uniendo el conocimiento de las ciencias humanas y psicológicas a la sabiduría de Dios.

Ahora queremos enfatizar el poder de la Palabra de Dios sobre tu matrimonio y tu familia, para que sepas acceder esa Palabra en diferentes situaciones de conflicto. Con esta ayuda insustituible, tu matrimonio tomará la dirección correcta; se fortalecerá y tu cónyuge y tú lograrán desatar el poder de Dios al unirse en oración.

1. LAS DIFERENCIAS EN LAS PRIORIDADES DE MANEJO DE DINERO (UNA DE LAS PRIMERAS CAUSAS DE DIVORCIO)

Una de las recomendaciones para lidiar con este tipo de situación es reconocer primeramente quién es la fuente de la provisión del hogar. I Crónicas 29:12 (NVI) declara:

"De ti proceden la riqueza y el honor; tú lo gobiernas todo. En tus manos están la fuerza y el poder, y eres tú quien engrandece y fortalece a todos".

Reconocer esa fuente de provisión provocará armonía en la relación y traerá paz y seguridad. Luego en mutuo acuerdo, a través del diálogo, imiten el consejo de Pablo en 1 Corintios 12:11 (TLA):

"Pero es el Espíritu Santo mismo el que hace todo esto, y el que decide qué capacidad darle a cada uno".

2. LA PRESIÓN DE LA FAMILIA EXTENDIDA

Hoy en día existe un fenómeno social que la sicología llama "La generación sandwich". Es la pareja entre 45 a 60 años que aún se encuentran albergando y manteniendo a sus hijos, ya sea porque ellos no han completado sus logros académicos, o han fracasado en sus relaciones sentimentales y deciden regresar al hogar parental. Esa generación también incluye el factor sociológico cada vez más creciente del cuido de nuestros seres queridos, entiéndase padres o suegros que se integran al hogar de las familias de sus hijos, creando una presión adicional a la vida matrimonial.

> *Reconocer esa fuente de provisión provocará armonía en la relación y traerá paz y seguridad.*

Es importante comprender que aún en medio de estas presiones que tienden a romper o lacerar la vida matrimonial, el principio de Eclesiastés 4:12 (NVI) es fundamental:

"Uno solo puede ser vencido, pero dos pueden resistir. ¡La cuerda de tres hilos no se rompe fácilmente!".

Cuando Cristo entra en el matrimonio, se convierte en ese tercer hilo que mantiene unida la pareja. Él será el que vierta las estrategias para luchar, la pasión para amar y la sabiduría para madurar.

3. PROBLEMAS DE COMUNICACIÓN

El fundamento de una comunicación efectiva nace en el principio de una relación progresiva con Dios. Si mi relación con Dios no está en sintonía, mi comunicación con mi esposa(o) será tormentosa. Su presencia siempre será el lugar a donde podemos ir juntos en medio de las diferencias. El llamado de parte de Dios siempre será: "Ven…" Hebreos 4:16 (TLA) nos enseña:

> *El fundamento de una comunicación efectiva nace en el principio de una relación progresiva con Dios.*

"Así que, cuando tengamos alguna necesidad, acerquémonos con confianza al trono de Dios. Él nos ayudará, porque es bueno y nos ama".

4. LAS DIFERENCIAS EN LOS SISTEMAS DE CRIANZAS DE LOS HIJOS

Si hay algo que produce un deterioro en el carácter de nuestros hijos, es la división y la carencia de autoridad en medio del hogar por la falta de unidad entre los padres. Nuestros hijos tienen un ojo clínico para detectar cuando papá y mamá están divididos. La palabra es contundente al declarar en Marcos 3:25 (NTV):

> "De la misma manera una familia dividida por peleas se desintegrará".

En Efesios 6:4 (NTV), Pablo dijo:

> "Padres, no hagan enojar a sus hijos con la forma en que los tratan. Más bien, críenlos con la disciplina e instrucción que proviene del Señor".

No renuncien a la responsabilidad de ser padres y asuman su rol con amor, pero con firmeza. Sus hijos se lo agradecerán.

5. Agresión verbal

El agresor muchas veces piensa que cuando declara palabras insultantes está haciendo una descripción de lo que su esposa(o) es. No sabe cuán lejos está de la realidad. Lo que él/ella declara sobre su esposa(o) es el reflejo mismo de su carácter. La Palabra declara en Salmos 5:9:

> "En sus palabras no hay sinceridad; en su interior solo hay corrupción. Su garganta es un sepulcro abierto; con su lengua profieren engaños".

6. Agresión física

La agresión física no solo lastima el cuerpo; destruye la identidad. Génesis 34:1-2 (NVI) nos relata una historia sumamente triste.

> "En cierta ocasión Dina, la hija que Jacob tuvo con Lea, salió a visitar a las mujeres del lugar. Cuando la vio Siquén, que era hijo de Jamor el heveo, jefe del lugar, la agarró por la fuerza, se acostó con ella y la violó".

La vida de Dina quedó marcada por el resto de su vida producto de esta

> *La agresión física no solo lastima el cuerpo; destruye la identidad.*

agresión, a tal punto que su nombre no vuelve a ser mencionado jamás en la Biblia.

7. Falta de sumisión

La sumisión en el matrimonio es recíproca y no es unilateral. Efesios 5:21 (TLA) dice:

> "Ustedes, que honran a Cristo, deben sujetarse los unos a los otros".

8. Celos

El celo por lo que amas no debe estar cimentado en la inseguridad o la desconfianza. Lo

> *La sumisión en el matrimonio es recíproca y no es unilateral.*

que se ama se protege, pero no lo ahogas. Proverbios 27:4 (NTV) dice:

> "El enojo es cruel, y la ira es como una inundación,
> pero los celos son aún más peligrosos".

9. COMPETENCIA ENTRE CÓNYUGES

El éxito en la carrera de la vida matrimonial radica en que ambos lleguen juntos a la meta. Eres el entrenador personal de tu esposa(o) y tu responsabilidad es que corra de tal manera, que gane.

> *Lo que se ama se protege, pero no lo ahogas.*

Pablo en Filipenses 3:14 lo describe de una forma impresionante:

> "Prosigo a la meta, al premio del supremo llamamiento de Dios en Cristo Jesús".

Proseguir, avanzar y persistir juntos en el llamado de Dios de formar un matrimonio saludable les garantizará la llegada triunfal a la meta. ¡No lo olviden: lleguen juntos!

> *Eres el entrenador personal de tu esposa(o).*

10. HOGAR NIÑOCÉNTRICO

Toda relación sana debe mantener un balance porque todo desbalance genera tensión. Nunca olvides que tus hijos son el resultado del amor que se juraron desde la juventud. Proverbios 5:18 (NTV) lee:

"Que tu esposa sea una fuente de bendición para ti. Alégrate con la esposa de tu juventud".

11. Diferencias doctrinales por iglesias diferentes

Toda diferencia doctrinal que no sea nociva a la relación debe ser reconciliada en beneficio de la relación matrimonial y la misma no puede ser pretexto para disolver un matrimonio. La Biblia enseña en Marcos 10:9 (NTV):

> *Toda relación sana debe mantener un balance porque todo desbalance genera tensión.*

"Que nadie separe lo que Dios ha unido".

12. Falta de intimidad sexual

A menudo, en medio de las crisis matrimoniales, una de las áreas que más se afectan son las relaciones sexuales. Es vital comprender que el sexo fue creado por Dios para la satisfacción mutua dentro del vínculo exclusivo del matrimonio. Pero a su vez, es importante resaltar que la relación precede al sexo. Por eso se llaman relaciones sexuales. Si la relación no se cuida, se valora y se protege, la sexualidad por sí sola no producirá cambios trascendentales en el matrimonio.

> *Si la relación no se cuida, se valora y se protege, la sexualidad por sí sola no producirá cambios trascendentales en el matrimonio.*

El disfrute del sexo a plenitud está íntimamente ligado al fortalecimiento, desarrollo y crecimiento de una relación sana con tu cónyuge. No permitas que la rutina y el estrés afecten esta fortaleza que tiene el matrimonio. El libro de Cantares 2:4-7 (TLA) nos brinda esa descripción de cómo fortalecer la relación antes del acto sexual.

CANTARES 4:2-7

"Son blancos tus dientes,
　　como ovejas recién bañadas
　　listas para la trasquila.
Son rojos tus labios
　　cual cinta escarlata,
　　y melodiosas tus palabras.
Tus mejillas, tras el velo,
　　son rojas como manzanas.
Tu cuello me recuerda
　　a la torre de David,
　　hecha de piedras labradas
　　y adornada con mil escudos
　　de valientes guerreros.
Tus pechos son dos gacelas,
　　¡son dos gacelas
　　que pastan entre las rosas!
Mientras sopla todavía
　　la brisa de la tarde,
　　y las sombras van cayendo,
　　subiré a la colina
　　de las suaves fragancias.
¡Qué bella eres, amada mía!
　　¡Todo en ti es perfecto!".

ORACIÓN POR
TU MATRIMONIO
POR LUIS Y CYNTHIA ROIG

Amado Dios, te doy gracias por la oportunidad que me brindas cada día de despertar junto a la persona que juré amar por el resto de mi vida. Te pido que nunca se apague la llama de este amor y que pueda reconocer cada día con humildad la realidad de que sin ti, mi matrimonio no tiene sentido. Gracias te doy, Señor, porque aún en medio de las diferencias, el vínculo perfecto del amor incondicional nos une cada día más. Te ruego que me brindes hoy la capacidad de amar, el poder de perdonar y la sabiduría para aprender; que pueda alcanzar la madurez de ser paciente para escuchar y prudente al momento de hablar.

Señor, te pido que mi matrimonio no se hunda en la arena del egocentrismo, sino que esté fundamentado sobre la roca que es Jesucristo; que mi anhelo sea cada día trabajar fervientemente para ver cumplido tu propósito en la vida de mi esposa(o). Ayúdame a reconocer que el verdadero éxito en la vida no se encuentra en las cosas que pueda poseer, sino en las personas que están a mi lado al momento de envejecer.

Padre, te pido que me ayudes a formar con mi ejemplo en la vida de mis hijos, el concepto bíblico de una familia saludable; que mis hijos puedan ver en mí un modelo de integridad, carácter y honestidad. De lo profundo de mi corazón declaro hoy sobre mi familia que tú siempre serás el centro de nuestras vidas y que tu bendición nos alcanzará donde quiera que vayamos. En el nombre de Jesús, ¡amén!

NOTAS

Capítulo 2
Violencia en el noviazgo

1. The Domestic Violence Advocacy Program of Family Resources, Inc., consultado en línea, www.areaskeepgirlssafe.com/domestic-violence-program.html
2. La Fundación Alto al Silencio. Consultado en línea, http://www.loquenodije.com/Violencia_en_el_noviazgo.html.

Capítulo 8
Hombría sobre la arena

1. Edwin Louis Cole, *Nunca te rindas* (Gozo-e, Noviembre, 2013).
2. Edwin Louis Cole, *Hombría al máximo: Una guía para la supervivencia familiar* (Edición Kindle, Gozo-e; 7 de marzo de 2013).
3. Edwin Louis Cole, *Hombres fuertes en tiempos difíciles: Ejerciendo la verdadera hombría en una época que demanda héroes* (Gozo-e, 8 de abril de 2009).
4. Edwin Louis Cole, *Valor: Para ganar las batallas más difíciles de la vida*, Códigos de Vida (16 de marzo, 2008).
5. Instituto de Estadísticas de Puerto Rico, consultado en línea, http://www.elnuevodia.com/enpanaleslosestudios-882934.html)
6. Charles Spurgeon, consultado en línea, http://frasescristianas.org/?tag=charles-h-spurgeon.
7. Lewis Smedes, consultado en línea, http://www.literato.es/autor/lewis_smedes/.

Capítulo 9
Hombría sobre la Roca

1. Edwin Louis Cole, *Hombres fuertes en tiempos difíciles: Ejerciendo la verdadera hombría en una época que demanda héroes* (Gozo-e, 8 de abril de 2009).
2. Ibíd.
3. Enfoque a la Familia®, consultado en línea, https://www.enfoquealafamilia.com/Default.aspx?cat=0.

4. Freddy De Anda, consultado en línea, http://freddydeanda .com.

5. Obispo Dale Carnegie Bronner, consultado en línea, https://www.facebook.com/pages/Bishop-Dale-C-Bronner-en -Espa%C3%B1ol/193860130653145.

CAPÍTULO 11
LOS HIJOS Y LA VIOLENCIA DOMÉSTICA

1. La Administración de Niños y Familias del Departamento de Salud y Servicios Humanos de los Estados Unidos, consultado en línea, Impact of Domestic Violence in Children /US Dept of Health and Human Services/Administration of Children & Families, https://www.childwelfare.gov/pubs/factsheets/ domestic_violence/impact.cfm.

CAPÍTULO 13
ALCANCEMOS EL INVENCIBLE AMOR DE LA VEJEZ

1. Guillermo y Milagros Aguayo, *¡Bendíceme también a mí, Padre mío!* (Spanish House, 2 de noviembre de 2010).

2. Edwin Louis Cole, *Hombre de verdad: Su rol como líder, esposo, padre y amigo* (Gozo-e, 9 de marzo de 2010).

SOBRE LOS AUTORES

Luis y **Cynthia Roig** contrajeron matrimonio el 18 de noviembre de 1995. Son padres de dos hermosas hijas: Paula Camila y Emelyn Alanis; de 16 y 8 años respectivamente. Debido a una situación de violencia doméstica que atravesaron en los comienzos de su matrimonio y a la manera sobrenatural en que Dios intervino para que fueran restaurados, iniciaron la *"Conferencia Salvemos a la Familia-Puerto Rico"*, dirigida a brindar herramientas efectivas para el fortalecimiento de las familias. Con ese mismo fin, fundaron el *"Instituto de Desarrollo Familiar"* que expone y estudia las relaciones en la familia, basándose en el modelo de la Palabra de Dios.

En la actualidad, son los pastores principales de la Iglesia Cristiana Casa del Padre, en el pueblo de Trujillo Alto, Puerto Rico. Su iglesia tiene como misión "Transformar a las familias a través del abrazo del Padre". Han compartido su testimonio de sobrevivencia en retiros de matrimonios, iglesias y a través de los medios de comunicación, trayendo restauración y sanidad a miles de matrimonios.

Para contactar a los pastores Luis y Cynthia Roig:

Calle 223 AW6 Colinas de Fairview
Trujillo Alto, Puerto Rico 00976
(787) 998-7770
pastoresroig@gmail.com
www.salvemospuertorico.com
www.facebook/pastoresroig